Barker

Straße 816

Michał Książek

Eine Wanderung
in Polen

Aus dem Polnischen
von Renate Schmidgall

S. FISCHER

Der Verlag dankt für die großzügige Förderung
durch ©Poland Translation Program

Erschienen bei S. FISCHER

Die Originalausgabe erschien unter dem Titel
›Droga 816‹ bei Fundacja Sąsiedzi, Białystok 2015
© by Michał Książek, 2015

Für die deutschsprachige Ausgabe:
© 2018 S. Fischer Verlag GmbH,
Hedderichstr. 114, D-60596 Frankfurt am Main

Satz: Dörlemann Satz, Lemförde
Druck und Bindung: GGP Media GmbH, Pößneck
Printed in Germany
ISBN 978-3-10-397329-7

DIMENSION

OBEN Der saftige Speichelfleck des Obdachlosen auf dem Bahnhof in Lublin hatte dieselbe Farbe wie der Himmel. Als wäre ein bisschen davon heruntergetropft. Die Identität der Farben war so verblüffend, dass ich mich über die Spucke beugte, um besser zu sehen. Ich suchte eine Parallele. Ja, genau so war der Himmel: schleimig und tuberkulös. Graues, verdrecktes Linoleum mit Adern in dieser kranken Farbe. Man hätte gern mit einem Schrubber so lange gewischt, bis das Azur durchkommt. Oder wenigstens die Troposphäre. Denn immer, wenn ich losfahre, blicke ich nach oben, um das Wetter zu sehen. In der Sprache der Steppenvölker, die oft nach oben schauen, ist »Himmel« neben »Luft« und »Zeit« eine der Bezeichnungen für Wetter, fast ein Synonym.

In der Steppe macht der Himmel die Hälfte des Blickfeldes aus, die Hälfte der Welt. Die Metamorphosen des Himmels und sein Zorn bilden die Meteorologie; Regen kommt nicht hinter den Bergen hervor, sondern vom Himmel, Gewitter ziehen nicht vom Wald heran, sondern vom Himmel. Von weitem sichtbar, sind die Wettererscheinungen mit dem Himmel identisch geworden. Als die Nomaden nach Westen vordrangen, brachten sie die etwas zu großen Bedeutungen ihrer Wörter mit, und wer weiß, vielleicht hat nicht viel gefehlt, und wir hätten aus ihrer Sprache ein Nomen entlehnt, das die Aussicht, das Blickfeld beschreibt. Sie blieben über Jahrhunderte in Lublin, woran der Name des Stadtteils Tatary erinnert, und die Grenze des Steppenstaates reichte eigentlich bis Chełm, das über hundert Jahre lang den Khanen Tribut leistete. So begann meine Reise nach Osten, so lief das.

CHEŁM Am Busbahnhof in Chełm begriff ich, dass es gut wäre, hier zu bleiben. An der östlichen Wand herumzulungern, den Verkehr zu beobachten und darin irgendeine Regelmäßigkeit zu suchen. Der Fahrer war außergewöhnlich höflich. An der Haltestelle Nummer vier stand eine vergessene Tasche, die niemand stehlen wollte. Eine Mutter hielt ihre Tochter fest an der Hand. Eine Kohlmeise und eine Blaumeise suchten in größter Eintracht auf demselben Ast nach etwas zu fressen. Ich kaufte mir ein Brötchen mit Buchweizen, ja, mit Buchweizengrütze, schmackhaft und nahrhaft wie Wodka. Welche guten, bescheidenen Menschen kamen auf die Idee, ein Brötchen mit Buchweizengrütze zu füllen? An diesem Morgen wollte ich in Chełm bleiben, dort wohnen und die dortige Neigung zum Maßhalten, vielleicht sogar zur Armut erforschen, obwohl ich mir das eine wie das andere auch einbilden konnte.

Vor dem Busbahnhof war ein pompöser Manövrierplatz aus der Zeit der späten Volksrepublik erhalten. Mit sechseckigen Pflastersteinen aus Beton ausgelegt, drängte er das Bild einer Honigwabe auf. Nur die Parkbuchten an den Haltestellen waren aus schwarzem Asphalt. Die Verbindung der zwei Materialien wirkte hier vollkommen angemessen, der Beton und der Asphalt waren so alt, dass sie einen ähnlich ehrwürdigen Zustand erreichten wie Stein und Holz. Hier und da grinsten auf dem Platz die bekannten Visagen der Autosan-Busse, dieser gutmütigen Ungetüme aus der Kindheit, mit denen ich meine ersten Reisen unternommen habe. Die Bilder ihrer Motorhauben muss ich mir aus derselben Ferne ins Gedächtnis rufen wie die Gesichter meiner Schulkameraden aus der ersten Klasse. Und damit auch die Überzeugung, dass die Autosan-Busse uns mit ihren großen Scheinwerfern betrachten und an uns denken. Zwei andere Drachen waren aus der Herde der Busse verschwunden: der schmutzige Jelcz und der alte Leyland.

Die nördliche Frontfassade des Busbahnhofs bildete ein längliches Gebäude ohne auch nur das bescheidenste schmückende Element. Ästhetisch war es nicht, mit Sicherheit aber geometrisch. Errichtet in der Zeit des Exodus aus den Holzhäusern in gemauerte Häuser. Es knüpfte an nichts an und erinnerte an nichts. Es drückte die reine Freude und Genugtuung über seine Wände und seine Decke aus, über die Wärme, die es spendete. Über die Widerstandsfähigkeit gegen Insekten und Pilze. Ja, es war eine Flucht vor der Natur. Der Sieg über das

Wetter. Und Ausdruck des Stolzes darauf, dass es nicht aus Holz war.

Der polnischen Sprache widerfährt auf dem Busbahnhof in Chełm etwas Gutes. Der Satz beginnt zu wogen, manchmal stark sinuskurvenförmig, aber nicht so sehr, dass er nicht zu verstehen wäre. Man wird sich klar darüber, dass es in der Sprache Akzent und Intonation gibt, Melos und Melodie. Dass die Wörter und Aussagen viele überflüssige Schnörkel enthalten, unnötige Noten, Unpraktisches. Wie bei manchen Vögeln. Als ginge es nicht nur um Kommunikation, sondern um mehr. Als wäre die Ausschmückung der Information wichtig, die phonetische Schnitzerei.

Im Bus stach meine Fremdheit hervor wie ein grober Rechtschreibfehler. Ich wollte nach Raciborowice fragen, das hinter dem Strzelecki-Wald liegt, aber ich verwechselte etwas, diesen Teil der Landkarte kannte ich nicht. Im Übrigen wirkte allein meine andere Aussprache, der Klang meiner Stimme wie eine andere, dunkle Hautfarbe. Die Passagiere schauten mich immer wieder an, noch als wir aus der Stadt hinausfuhren. Der Bus kam an Straßen vorbei, die auf die Namen berühmter Polen getauft waren, dank deren konnte ich eine Art Gemeinschaftsgefühl mit den übrigen Reisenden empfinden. Am liebsten wäre ich aufgestanden und hätte gesagt: »Schließlich sind wir durch Piłsudski und Mickiewicz verbunden!«

In Raciborowice hielt der Bus an einer kleinen Straße nach Osten. Ihren Anfang bewachten zwei betrunkene Typen und eine Tigerskulptur in einem Gärtchen. Ich ging am Rand des Strzelecki-Waldes Richtung Ukraine. Nach Horodło waren es vierundzwanzig Kilometer. Zur Linken erstreckte sich der Strzelecki-Landschaftspark, zur Rechten fruchtbare Felder. Das Blickfeld zur Linken war also rechtlich geschützt, das zur anderen Seite pflügten und düngten Bauern. Kaum war ich den ersten Kilometer marschiert, da tauchte ein Mann mit Bart auf und lud mich zum Mittagessen ein. Beinahe sofort. Das schien also schon der Osten zu sein.

Der Bärtige erzählte, und draußen vor dem Haus, in dem wir Wurst und Zwiebeln aßen, standen sieben Walnussbäume. Die Bäume trugen jedes Jahr reichlich Früchte, zur Freude der Mäuse in der Umgebung. Obwohl schon Dezember war, lagen die Nüsse noch da. Die Nager hatten eine Weide hier, und zwar gleich drei Arten: die Feldmaus, die Brandmaus und die Gelbhalsmaus. Wir aßen, knabberten noch ein paar Nüsse aus dem Mäusegarten, und ich ging weiter. Wir verabredeten uns fürs Frühjahr »irgendwo im März«. Als wäre der März ein Ort, als hätte er eine Grenze und eine Topographie.

12

ENTFERNUNG Ich blieb an der Schwelle zur Entfernung stehen, um den Moment zu erfassen, in dem die Entfernung angetastet wird. Das erinnerte an einen Satz über einen Graben oder einen Kopfsprung von einem hohen Ufer und erforderte Mut. Es war nicht vollkommen zu kontrollieren, vorauszusehen. Anfangs dachte ich, es hätte in dem Augenblick begonnen, als ich aus dem Haus ging, aber nein – erst auf der Straße lag die Entfernung. Die Straße lief, die Richtung führte, die Entfernung war unbeweglich. Ich stieß mich von hinten ab, und irgendwie ging es. Das Vorne ist eine sehr universelle Richtung, nicht so eingegrenzt wie der Norden, Süden oder sogar der Osten, der im Vergleich zum Vorne wie eine gewöhnliche Spurrille in der Straße aussieht.

NACHT Die Straße lief, ich ging. Mich interessierte jede der Ausdehnungen, die in Raum und Zeit existieren. Die Parameter der Gegenstände, der Bäume, des Himmels. Die ganze im Blickfeld verborgene Dimension – Längen, Breiten, Höhen und Entfernungen, Umfänge und Tiefen. Ich benutzte auch Stunden und Viertelstunden, sogar Lux, Töne und seltene Substantive. Den Weg maß ich mal in Schritten, mal in Atemzügen. Die totale Dimension, vollkommen, beschlossen in einem einzigen aufmerksamen Blick wie in einer mathematischen Summe. Könnte man all das nur aufzeichnen, mit einem einfachen Muster, um es in Erinnerung zu behalten.

In der Abenddämmerung, in der Nähe von Kułakowice, jagte ein Sperber. Er flog tief, mit den Spitzen der Flügel, als stieße er sich mit den Enden der Schwung- und der Steuerfedern vom Boden ab. Es sah aus, als liefe er. Er verstand es, jede Vertiefung des Geländes, jede Verdichtung der Dämmerung zu nutzen, um zu verschwinden. Um plötzlich auf einem Hof zwischen

Sperlingen zu erscheinen und zu töten. Der Sperber hat außergewöhnlich starke Greiffänge, die in Krallen enden. Sie erinnern an eine Falle. Damit zermalmt er kleinere Vögel, indem er ihr Rückenmark zerquetscht. Gibt es zartere Wirbelsäulen als die der Stare, Sperlinge und Meisen? Na ja, vielleicht haben die Goldhähnchen, das Winter- und das Sommergoldhähnchen, eine noch zartere Lebenssaite im Rücken.

Später begann es zu regnen. Die Leute blieben in ihren Häusern. Wie auch die Kühe, Schweine und Hühner. Es gab hier die noble Gewohnheit, an der Straße Kirschbäume zu pflanzen, und diese Süßkirschen wuchsen hoch und bildeten gerade, mächtige Stämme. Ganz wie Kiefern. Wahrscheinlich war das der ertragreichen Schwarzerde zu verdanken. Es war gut, zwischen diesen hohen Kirschbäumen zu gehen, immer weiter Richtung Osten, der einfach die Abenddämmerung war. Ich ging, und die fruchtbare Nacht schüttete alles zu. Man fiel hinein wie ein Samenkorn in die Furche, tief und unwiederbringlich.

In Stefankowice endete die Straße. Das heißt, es gab sie noch, aber sie teilte sich, verlief nach links und nach rechts, doch aus der Landkarte ging hervor, dass sie geradeaus führen müsste. Wieder dieser lästige Widerspruch zwischen Zeichen und Wirklichkeit, und Verwunderung, fast schon Protest. Ich konnte nicht glauben, dass an der Stelle, wo auf der Karte eine Straße eingezeichnet war, in Wirklichkeit ein Haus stand. Die Karte sprach mich mehr an als die Realität. Bis ich begriff, dass der Urheber der Landkarte die Nachbildung des Gebietes vereinfacht hatte; ein paar Schritte nach rechts genügten, um das wunderbare, asphaltierte Kontinuum zu finden, die Fortsetzung, ja sogar das Futur, die Zukunft.

Ich ging und ging und ging. Sieben Stunden nach Horodło. Es muss eine tiefe Trance gewesen sein, denn an manche Abschnitte kann ich mich gar nicht erinnern, als hätte es sie nicht gegeben. Sicherlich wegen der Nacht, dunkel wie Schwarzerde. Sie soff die Gegenwart weg wie der Hund die Pfütze; so redeten die zwei Typen aus Raciborowice über das Trinken: Saufen. Die Nacht soff und fraß, daher erschien sie so üppig und prächtig, nicht abzuwarten. Die Zeit müssen die Menschen nachts erfunden haben, als sie auf das Licht warteten. Am Tage wäre niemand darauf gekommen, mit ziemlicher Sicherheit. Am Tage nahmen die Menschen den Raum wahr. Die Zeit, diese Ur-Intuition, ist in der Nacht über uns gekommen. Ich zerbrach mir den Kopf, wo ich sie verbringen, wie ich sie befriedigen konnte.

ÜBERNACHTUNG

Horodło machte neugierig, allein durch seinen Namen. Durch seine Lage auf der Landkarte und die ziemlich große Anzahl von Holzhäusern. Ich konnte mich von früher an das Städtchen erinnern – es lag in meinem Gedächtnis wie in der rechten unteren Ecke der Karte des Strzelecki-Waldes, wo ich vor ein paar Jahren zusammen mit einer Gruppe von Wissenschaftlern Forschungen zu Vögeln betrieben hatte. Wir hatten ganze Tage damit verbracht, Horste von Schreiadlern, Habichten und Sperbern zu suchen, Nester von Baumfalken, Mäusebussarden und der rätselhaften Wespenbussarde. Ungeduldig hielten wir Ausschau nach dem mythischen Schlangenadler, einem aussterbenden Raubvogel, der sich hauptsächlich von Schlangen und Eidechsen ernährt. Von der Ukraine trennte uns nur die Straße 816, und auf der Landkarte stach der seltsame Name Horodło ins Auge.

Je tiefer ich zusammen mit Regen und Dunkelheit nach Horodło vordrang, desto mehr glaubte ich an Horodło. Die Häuser traten erst allmählich hervor, als wollten sie nicht vollständig existieren. Als hätte jemand die Beschwörung oder die Schöpfungsworte nicht zu Ende gesprochen. Was da war, existierte nur dank der Straßenlaternen und dank der Notizen, die ich unter einer der Laternen hinkritzelte. Das Zentrum der Stadt machte nach vierundzwanzig Kilometern Fußmarsch großen Eindruck auf mich. Reif, stattlich, gut zum Ausdruck gebracht. Am Fuß eines recht großen Hügels stand eine alte Feuerwache. Weiter oben war mit Mühe und Not eine orthodoxe Holzkirche auszumachen. Kreuze auf den Kuppeln waren nicht zu sehen, wodurch die Kirche himmelhoch erschien. Ein Stück weiter eine weiße gemauerte Kirche, überdimensioniert wie der römische Katholizismus. Gegenüber der orthodoxen Kirche blinkten die Neonlichter des kleinen Hotels Sława. Aber für eine Übernachtung an der Grenze, in einem Ort mit einem Namen, an den ich seit fünfzehn Jahren dachte, verlangten sie einen gesalzenen Preis. Angeblich war außerhalb der Stadt, »eine Stunde gehen«, ein Quartier für Arbeiter und LKW-Fahrer.

Drei Kilometer weiter klopfte ich an die Dunkelheit, und sie tat sich auf. Ihr Inneres war ein längliches Zimmer, das in eine offene Küche mündete und mit einem Dutzend Liegen zugestellt war. In der Luft hing ein intensiver Geruch: von männlichen Füßen, männlichen Achselhöhlen und noch etwas. Die Hausherrin wollte mich nicht aufnehmen, weil die Arbeiter – Maurer, am

Grenzübergang im nahen Zosin beschäftigt – erst an diesem Tag weggefahren und die Betten noch nicht gemacht waren. Erst als ich erzählte, dass ich von weit her, aus Raciborowice kam, ließ sie sich erweichen. Sie fragte nicht, wozu ich hier war. Auch nicht für wie lange. Sie stellte einen Stapel Fischbouletten, Brot und Tee auf den Tisch. Ich solle zahlen, so viel ich will, sagte sie. Und bleiben, solange es nötig wäre. Das war zweifellos schon der Osten.

Einer ihrer Söhne brachte eine Kiste mit Artefakten, die er auf den hochgelegenen Feldern am Bug gefunden hatte: neolithische Äxte, Schaber, Messerchen aus Feuerstein. Ich muss sein Vertrauen geweckt haben, denn er zeigte mir auch ein für ihn besonders wertvolles Bajonett aus dem Zweiten Weltkrieg und eine Fahrradklingel aus der Vorkriegszeit. Am meisten Freude bereitete es ihm aber, wie er sagte, wenn er ein Versteck voller Zigaretten fand. Wenn es den Ukrainern gelang, ein paar Stangen herüberzuschmuggeln, fürchteten sie die Grenzkontrolle und versteckten die Ware an Orten, die ihren Komplizen in Polen bekannt waren. In diesem Jahr hatte der Junge sieben Stangen gefunden und seine Mutter sogar elf. Morgen würden sie wieder suchen gehen.

Ruhig schlief ich ein, nur die Beine wollten sich immer noch bewegen. Ich war satt von im Bug, also in der Grenze gefangenen Fischen. Eigentlich hatte ich mich an der Grenze selbst satt gegessen, ja, ich hatte ein Stück von ihr gegessen. Ich hatte ihre Linie verletzt wie der Borkenkäfer das Holz. Ich hatte die Grenzlinie zwischen Polen und der Ukraine geschwächt. Ach – zwischen der Europäischen Union und dem Osten. Also trug ich einen Teil des *limes orientalis* in mir – war aus ihm gemacht.

ZWISCHEN Wieder steckte ich zwischen Territorium und Landkarte, scheinbar wissend, wo – und doch war nicht alles klar. Der Zustand wurde begleitet von einem Gefühl ähnlich der Schizophrenie, einer Spaltung des Ichs, als existierten zwei Gehende. Ein Ausharren in der Grätsche, eine Unentschlossenheit zwischen den Welten. Eine hermeneutische Dissonanz oder so. Der Schlüssel hierzu war der Maßstab, denke ich, der eine Grenze setzte, eine schmerzliche Grenze. Es erforderte physische Anstrengung, die Kontrolle zu erlangen, eine Anspannung der Muskeln, aber es lohnte sich. Die Landkarte stellte eine vollkommene Idee der Welt ringsum dar, und letztendlich erlaubte sie mir, mich wiederzufinden. Zwischen Karte und Territorium, nicht anders.

TAG Vielleicht war es Nebel; ich sah da Ruhe. Sie hatte die Nacht auf den Wiesen am Bug verbracht. Als die ersten Sonnenspitzen sie erreichten, begann sie zu zerfallen. Zuerst erschienen Risse, geradlinig wie die Gerten der Aschweide, danach spinnenartige Muster in der Form von Sträuchern. Schließlich verschwand sie fast vollständig, verwandelte sich in kleine Partikel, schwarz und beweglich wie Vögel. Ich erwachte langsam und zelebrierte den ersten Blick. Die scharfen Strahlen der jungen Sonne taten weh, stachen wie Splitter in die Netzhaut.

Die Wirtin erzählte gern. Am Fluss gebe es immer noch die »Aktion Bug«, seit in Polen der Zigarettenpreis hochgegangen sei. Und was war die »Aktion Bug«? Massenhafter Schmuggel auf ganzer Länge des Flusses. Sie schmuggeln in Booten und Schlauchbooten. Am oberen Bug hat ein Draufgänger einen Motordrachen benutzt, Zigaretten sind ja leicht. Als er sich der Grenze näherte, schaltete er einfach den Motor ab, warf das Paket knapp hinter den Fluss und verschwand Richtung Ukraine. Die

Schmuggelware wird auf dem Wasser und in der Luft transportiert, und wenn die Preise in Polen weiter steigen, dann werden sie einen Kanal unter dem Bug graben. Menschen kommen eher nicht, obwohl – neulich hätten die Zöllner im Glockenturm in Stróże ein paar »Bambus-Inder« gefunden. Sie fragen den Pfarrer: »Woher kommen diese Leute?« Und der Pfarrer darauf – da sei wohl ein Wunder geschehen.

Vor dem Haus verlief die Woiwodschaftsstraße Nr. 816, auch die Nadbużanka, die Bugstraße, genannt. Ein Verschlafener hätte sie für den Fluss selbst halten können. Sie führte auf hochgelegenen Feldern am Bug entlang, manchmal durch Wälder, an der Grenze von Wiesen und Feldern. Die Menschen haben sie langsam, über Jahrhunderte hinweg gebaut, um nicht völlig vom Fluss abhängig zu sein. Die ersten Abschnitte der zukünfigen Nadbużanka kann man schon auf einer Karte Mitte des 19. Jahrhunderts sehen. Damals gab es den Abschnitt zwischen Horodło und Dubienka. Flussabwärts, nach Włodawa, fuhr man auf dem Bug, und nach Kodeń führte schon ein befestigter Weg. Von Kodeń nach Terespol und weiter am Bug entlang gab es keine größere Straße. Die Straße war der Bug. Aber auf einer Karte vom Ende des 19. Jahrhunderts gibt es die Nadbużanka schon – als ganz dünne, unterbrochene rote Linie. Es ging sich gut auf ihr an diesem Morgen, zurück nach Horodło.

Das weiße Papier lockte mich in die Tiefe eines Kiefernjungwaldes, aber er barg keine geschmuggelten Zigaretten. Dafür trat ich in einen großen Haufen, den ein ukrainischer Schmuggler hinterlassen hatte. Aber es gab keinen Grund zum Schimpfen, denn das Wäldchen verdeckte eine abgeschiedene Böschung, in der Nisthöhlen des Bienenfressers zu sehen waren. *Merops apiaster* ist einer der farbenprächtigsten und seltsamsten Vögel Europas. Seine Nester legt er in Tunnel, die in sandige Steilhänge gegraben sind, was ihn irgendwie mit der entfernten Welt der Säugetiere verbindet. Der Bienenfresser hat die Größe eines Staren und ist bunt wie ein Glühlämpchen. Als müsste er selbst den bis zu zwei Meter langen und dunklen Brutkorridor erleuchten. Unsere Art heißt *Merops apiaster*, gewöhnlicher Bienenfresser, aber es gibt auch den *Merops orientalis*, den Smaragdspint.

Und wieder der Gedanke: Das Grenzgebiet versammelt alle möglichen Besonderheiten. Sowohl bei den Menschen als auch bei den Vögeln, Pflanzen, Insekten. Heute nach dem Frühstück fasste meine Wirtin das Gespräch kurz zusammen: »Arbeitslosigkeit hab ich noch nie erlebt.« Und sie ging los, Zigaretten suchen; im Wald, auf den Feldern und am Fluss.

HORODŁO Der Geruch eines frischen Haufens verjagte die Traumreste. Die Schwarzerde des Höhenrückens von Horodło strotzte vor Fruchtbarkeit. Sie prahlte mit Stapeln von Zuckerrüben, groß wie Fußbälle, mit uralten Linden, die in den Ort führten. Selbst die Straße 816 erschien hier breit und fett wie ein Wels aus dem Bug. Mitten in dieser Fülle konnte man nicht umhin, an Befruchtung und Vermehrung zu denken. An Glück, Liebe, Kindheit, aber auch an den allgegenwärtigen Tod. Dieser hatte mit Sicherheit mehrmals in der ehrwürdigen fensterlosen Kate Einzug gehalten, die schon in Horodło selbst stand. Offensichtlich war der Letzte, der dieses Haus gebraucht hatte, gestorben. Andere kamen hierher, um es zu zerstören. Zusammen mit dem Regen, dem Pilz und dem Wind. Es gab kein Substantiv, das diesen Zustand beschrieben hätte; weder Ruine noch Schutthalde war das richtige Wort für das, was hier entstanden war.

Einen Augenblick später wäre ich beinahe in die Tiefe gestürzt. Auf dem Schlosshügel stolperte ich über die Grenze der Europäischen Union wie über ein nahe am Boden gespanntes Seil. Der Bug schlich sich hier unmerklich bis an den Ort heran und mit ihm das unsichtbare Verbot, das fremde Territorium. Ich wäre von der steilen Böschung direkt in den flüssigen Limes gefallen. Die Grenze war hier das Wasser, die Verbindung aus Wasserstoff und Sauerstoff. Ich sah sie direkt vor mir. Die Linien des westlichen und des östlichen Ufers, mit der kaum wahrnehmbaren Strömung dazwischen. Der Wunsch, diese Grenze zu überschreiten und zu sehen, was auf der anderen Seite geschehen würde, war groß. Nicht die Autorität der Staaten und deren verworrenes Recht, nicht die Außenminister oder der weißrote Pfosten hielten mich zurück, sondern die Angst vor Kälte und Feuchtigkeit. So früh am Morgen wollte ich nicht frieren.

Horodło war leer wie auf der Karte. Nur zwei steinerne Löwen im Park zeugten davon, dass vor langer Zeit hier etwas Wichtiges geschehen war. Dass hier eine ungewöhnliche Union zwischen zwei Nationen geschlossen worden war. Plötzlich tauchten drei ortsansässige Säufer auf, lachend und lärmend, als wollten sie sich über die Vergangenheit der Stadt lustig machen. Sie hatten recht, von den Grenzen der Polnisch-Litauischen Union war heute so gut wie nichts übrig. Sie haben nur insofern überdauert, als die zwei Flüsse noch fließen, die sie einst ausmachten. Das kränkliche Horodło sah aus wie eine Stadt, die nicht imstande war, das Gewicht ihrer Geschichte zu tragen.

Ich suchte etwas Altes, etwas aus der Zeit der Union. Die Herkunft der Löwen schien mir unsicher. Die Bäume waren verdächtig jung. Und der gut ins Blickfeld komponierte Schnörkel der Straße 816, mit der Kirche auf der einen und den Häusern auf der anderen Seite, war schließlich mit Asphalt bedeckt. Anscheinend existierte ja noch die urbane Struktur der früheren Stadt, die diese Union hätte retten können, aber am Morgen erschien sie äußerst ephemer und hinter zeitgenössischen Bauten versteckt. Da war zum Beispiel die östliche Fassade des Marktplatzes: ein kleines Holzhaus aus dem 19. Jahrhundert, daran klebte ein gemauertes Haus aus der Zwischenkriegszeit, und zum Schluss kam ein Quader aus der Volksrepublik Polen. Erstaunlich, dass die Volksrepublik ebenso zerfiel wie das 19. Jahrhundert.

Kurz hinter dem Städtchen erhaschte meine Nase den Geruch eines gebratenen Ferkels. Auf einer grünen Wiese wuselten zwei Männer und eine Frau um ein ausgeblutetes Schwein herum. In Zentralpolen hängt man das Schwein nach dem Schlachten auf und überbrüht es mit kochendem Wasser, um die harten Borsten zu entfernen. Im Osten ist es anders. Im Osten liegt das tote Schwein auf einem Brett und brennt in einem Haufen Stroh wie ein gnädig stimmendes Opfer. Dadurch verschwinden die Haare, die so schmerzlich daran erinnern, dass wir jemanden essen, der vor kurzem noch gelebt hat. Der Schlachter setzte einen Hieb nach dem anderen. Wenn er auf einen Knochen traf, drang das Echo bestimmt bis auf die andere Seite des Bugs, bis in die Ukraine. Ich schaute zu, bis er auf der Wiese eine riesige Wunde geschlagen hatte, in der sie dann zu dritt herumwurstelten wie Insekten im Aas. Und dann war ein zweites Schwein dran. Der Advent ging zu Ende, und die Leute schlachteten die Tiere, damit zur Geburt des Herrn Jesu Wurst auf den Tisch kam.

ASYMMETRIE

Jetzt galt es einen anderen Hunger zu stillen. Den Hunger des Gehens, Riechens und Schauens. Des Staunens, des Zum-ersten-Mal-Sehens. Des gewissenhaften Sich-Merkens und des sorglosen Vergessens. Den Hunger des lange nicht gehörten Rhythmus, den die Schuhe erst nach dem dritten oder vierten Kilometer schlagen. Wenn Beine, Rücken und Arme sich hervorragend zu verstehen beginnen. Wie die Segmente im Hinterleib eines Insekts. Ich ließ also die Füße von der Leine und war der Gravitation und der Entfernung zum Trotz nach einer Stunde in Bereźnica. Auch hier wuselten hungrige Schlachter um den Körper eines Schweins.

Bereźnica verlangte nach einer klaren Etymologie. Mit dem ukrainischen Wort *bereza*, Birke, ließ sich meine Neugier befriedigen. In Bereźnica näherte sich der Bug dem Dorf. Ich ging hin und tauchte die Hand in die Grenze. Sie war kalt, nass, grünlich. Beinahe wäre ich hineingefallen, fast hätte sie mich zu sich hingezogen. Trotz des Pfahls und der Tafel erschien sie wehrlos, leicht zu durchschwimmen. Wer bewachte sie? Misteldrossel, Buntspecht und Eichelhäher. Unterstützt von Kleiber, Kohlmeise und Blaumeise. Vom Kalmus, Igelkolben und vom wilden Hopfen ganz zu schweigen.

Die Leute von Bereźnica müssen die Gegenwart der Grenze ihr ganzes Leben ertragen. Sie müssen die Versuchung zurückweisen, sie zu überqueren, einzig um des Überschreitens willen. Sie zu verletzen aus dem alten Bedürfnis heraus, ein Risiko einzugehen, sich einem Versuch zu unterziehen. Die Ortszentren von Horodło, Bereźnica und Matcze haben keine Straßen nach Osten. Weder nach Nordosten noch nach Südosten noch nach dem eigentlichen Osten. Man hat ihnen eine geographische Richtung amputiert, und die Bewohner dieser Orte können nicht wie die meisten Menschen frei reisen. Die Welt hat hier quasi drei Himmelsrichtungen. Die vierte scheint es zwar zu geben, aber sie ist verboten. Wie ein verschlossenes Zimmer in dem Haus, das man bewohnt. Unter den übriggebliebenen wählte ich die nördliche Richtung, in das früher ukrainische Dorf Matcze, durch die Wiesen am Bug.

VÖGEL Die Banden von Erlenzeisigen machten sich nichts aus den zwischenstaatlichen Beziehungen und flogen hin und her. Sie überquerten den Bug, als wäre er ein ganz normaler Fluss. Ähnlich die Birkenzeisige, die aus dem Norden und aus dem Osten für den Winter hierherkamen. Die einen wie die anderen werden von den Schwarzerlen an den Bug gelockt, vielleicht auch von den etwas selteneren Grauerlen. Die Erlen haben kleine Zapfen voller Samenkörnchen. Ein winziges Erlennüsschen, das heißt ein Zeisigbissen, wiegt ein Tausendstel Gramm. Dabei hat es sogar ein »Flügelchen«, ein *pinnaculum*.

Die im Vorbeifliegen dahingeworfenen Vogelstimmen riefen in der Phantasie konkrete geometrische Figuren und Formen hervor. Vielleicht stammt daher die Überzeugung, dass der Laut eine Form hat, die das Sehvermögen und das Gehör auf wunderbare Weise vereint. Das weiche tschtsch des Grünfinks ist also nichts anderes als eine gleichmäßige Aneinanderreihung von Kreisen, die harten tscht-tscht-Laute des Bluthänflings sind Permutationen großer und kleiner Dreiecke, vielleicht von Pfeilspitzen. Die Birkenzeisige dagegen zeichnen im Kopf waagerechte Zickzacklinien, eine unterbrochene Kurve. Aus alldem könnte man ein Muster gestalten: eine Sequenz von Kreisen, eine Reihe von Dreiecken und unten Zickzacklinien. Keiner der Laute ergab eine durchgehende lange Linie, wie etwa ein Fluss oder eine Grenze.

Die Kunst, die Vögel an ihren Stimmen zu erkennen, ist auf der Reise sehr nützlich. Nicht nur, weil man dann nicht sehen muss, um zu sehen, und dadurch die Augen ausruhen können. Auch weil es gut ist, Gewissheit zu haben, wer einen auf der Reise begleitet, wer da noch ist. Vielleicht der Sichelstrandläufer, vielleicht der Dompfaff oder etwa doch der Stieglitz?

KREUZE Etwas war geschehen auf dem alten Friedhof in Matcze. Er lag auf einem bewaldeten Hügel versteckt inmitten von Feldern, zwischen dem Dorf und dem Bug. Die orthodoxen und die unierten Grabsteine waren verwüstet. Nur die Soldatengräber hatte niemand angetastet. Nicht ohne Bedeutung war hier sicher, dass die Soldaten Polen und die Leute in den zerstörten Gräbern Ruthenen oder Ukrainer gewesen sind. Diejenigen, die die Kreuze zerstört haben, Menschen oder auch Tiere, müssen sehr stark gewesen sein. Es braucht mehr als einen gewöhnlichen Handgriff, mehr als einen normalen Hieb, um ein Denkmal aus Sandstein kaputtzuschlagen. Und eine ganz besondere Kraft, um ein schmiedeeisernes Kreuz zu zerbrechen.

Im Dorf, ganz nah an der Nadbużanka, noch ein enthauptetes Kreuz, eigentlich nur noch sein steinernes Postament. Weiß, mit alten kyrillischen Buchstaben. Derjenige, der dieses Zeichen zerstörte, hat immerhin den Sockel nicht vernichtet. Als hätte der Hass oder die Wut nicht ausgereicht. Direkt daneben stand ein zweites Kreuz, das aus irgendeinem Grund überlebt hatte, offensichtlich hatte es die richtige Form. Es war aus Rohren zusammengeschweißt. In einem Glaskasten unter dem Herrn Jesu hing die Muttergottes, in einem Mantel, blau wie das Gefieder auf dem Rücken des Eisvogels. Hinter alldem schien eine rätselhafte Botschaft zu stecken: Kreuze muss man aus Rohren machen und schwarz anstreichen und nicht aus Eisen schmieden und auf einen weißen Sockel stellen. Derjenige, der es gewagt hat, beide Zeichen mit einem kleinen Zaun zu umgeben, dachte vielleicht anders.

Die Holzhäuser von Matcze brauchten, ähnlich wie die Köpfe der Menschen, zwei Fenster, um sich mit Licht zu füllen. Dieses Licht fiel zur Genüge herein, aber niemand brauchte es hier. Niemand las bei diesem Licht, niemand rupfte Federn. Die Katen dieses Dorfteils waren alt und verlassen, vermutlich hatten sie denen gehört, deren Gräber verwüstet waren. Die Häuser waren aus Kiefernholz, aber die Gräber aus Stein und Eisen. Man hatte nicht gedacht, dass die Häuser länger stehen würden. Von ihren Bewohnern wusste hier niemand etwas, nichts legte von ihnen Zeugnis ab. Kein Nachname, kein Vorname, nicht einmal die Hausnummern waren erhalten.

Ich brauchte nicht die ganze Breite der Straße 816. Mir reichte der Seitenstreifen, dieser nicht genau abgegrenzte Rand. Auf der Karte gab es ihn nicht. Ein Weg wie ein

34

schmaler Span. Ja, die Peripherie der Straße reichte mir. Die Ränder. Ein Abschnitt ohne Nummer, ohne Asphalt. Dort war viel Abfall, Leichen verschiedener unbedeutender Wesen. Reste von Vögeln, ein vertrockneter Frosch, ein Hund, die Überreste einer Katze. Ihr Tod unter Rädern oder an Kotfügeln erschien umso sinnloser, als sie sich nicht in Würde zersetzen, verfaulen und in den Humus einsickern konnten. Der mit Schlacke zugeschüttete Seitenstreifen mit dem Palimpsest des alten Asphalts darunter ließ sie nicht in die Erde eindringen. Die Zersetzung war vergeblich. In der Regel waren es Autos der Firma Opel oder der VW Passat, die die Tiere töteten. Seltener der Golf III und der Golf IV. Häufig auch der Audi, der in den Dörfern immer noch großes Prestige besaß.

Ich ging und ging und ging. Nach Norden, auf diesem Span von Weg. Ein bisschen trug es mich nach rechts, Richtung Grenze, als lockte es mich wieder zum anderen Ufer. Vielleicht durch die Erdrotation, vielleicht, weil mein linkes Bein länger ist. Jedenfalls schwankte ich eindeutig nach Osten, zum geographischen Osten hin. Auf die rechte Seite der Landkarte, die aus der Tasche ragte. Als fände der Osten darin keinen Platz.

SCHWARZSPECHT Dieser alte Wald bestand aus Kiefern, Eichen und Kirschen. Ja, einen Teil des Baumbestandes bildeten Süßkirschen, was mir so märchenhaft und unmöglich erschien, dass ich an einige herantrat, um sie zu berühren. Die Kirschbäume, eigentlich keine Waldbäume, verliehen diesem Ort ein wenig den Charakter eines Obstgartens. Sie machten ihn zu etwas Bekanntem, Gezähmtem. Kiefern und Eichen dagegen wuchsen gotisch – mächtig, hoch und schlank. Man durfte sie nicht fällen, in einen Stuhl oder – Gott behüte – in eine Treppe verwandeln. Sogar der Mast eines Segelschiffs wäre für sie eine Degradierung. Sogar ein Kreuz. Dem Namen »Gemeine Kiefer« konnte man hier nicht zustimmen. »Matcze-Kiefer«, eine Erinnerung aus dem Botanik-Lehrbuch, klang wesentlich besser.

Etwas bewirkte, dass ich stehen blieb, und ich musste dreimal hinsehen, um den gebrochenen Zweig einer Traubenkirsche zu entdecken. Noch nicht lange gespalten, denn sein Gewebe war noch grün und frisch. Es hatte den Geschmack des Inneren noch bewahrt. Was für eine seltsame Anwesenheit: durch eine Spur. Durch einen Abdruck im Blickfeld, ohne dass man wusste, von wem. Es konnte ein Wildschwein sein, aber auch ein Schmuggler auf dem Weg zu einem Versteck. Die Jäger nennen solche Zeichen Spuren, im Gegensatz zu Fährten. Fährten konnte man keine sehen in diesem flauschigen Unterholz voller Blätter und Nadeln.

Fährten sind Fußabdrücke, man kann sie nur auf dem Boden hinterlassen, direkt auf der Erde. Die Jäger ziehen Fährten den Spuren vor, sie sind bessere Zeugen einer Anwesenheit. Sie bilden einen Weg. Sie drücken sich im Unterholz ab, wo es Heidelbeeren, Pilze, Moose und Flechten gibt. In Nadelwäldern ist so eine Fährte nichts anderes als die Deformation des Belages aus den gefiederten Blättchen von Rotstängelmoos und Etagenmoos, unseren verbreitetsten Moosarten. Außerhalb des Hauses, außerhalb der Stadt legen die Pflanzen Zeugnis von uns ab.

Hinter dem Wald brach der bewölkte Himmel aus irgendeinem Grund nicht zusammen. Obwohl er hier keine Kiefern, Eichen und Kirschen als Stützen hatte, hielt er sich doch oberhalb des Blickfeldes. Von dort drang der Ruf des Schwarzspechtes heran, dieses klägliche, aber durchdringende piööö, vor dem sich mancher Junge fürchtet. Der Schwarzspecht stößt diesen Ruf kurz vor dem Flug aus, meist in regelmäßigen Abständen. Jetzt jedoch durchbrach immer wieder ein anderes piööö die Regelmäßigkeit. Als würde ein zweiter Vogel den ersten begleiten. Ich stand schon an der Tür einer nahe gelegenen Kate, als ich begriff, dass das Rufen von drinnen kam. Die dünne Stimme einer Greisin antwortete dem Specht mit erstaunlicher Präzision und Sorgfalt, bemüht um das Decrescendo auf den letzten Tönen. Und plötzlich kreischte sie: »Geh fort! Geh fort!«

FARBE Es dämmerte, und die Welt nahm an diesem Ort allmählich ihre älteste Farbe an, das heißt: Schwarz. Das Schwarz konnte man anschauen wie eine Sehenswürdigkeit, etwas sehr Wertvolles und Beständiges, das noch aus kaum vorstellbaren Zeiten stammte. Aus der Dunkelheit, oder auch aus dem Schwarz, haben die Menschen mit vollen Händen geschöpft, um Symbole, Zeichen, Signale, Metaphern und Allegorien zu schaffen. Manche behaupten, es sei nur das Fehlen von Farbe, und eigentlich gebe es das Schwarz gar nicht. Schwarz sind die Augen der meisten Insekten und der Menschen, die eine altaische Sprache sprechen. Schwarz sind die Samen des Mohns und der Kornrade und das Mutterkorn. Schwarz oder dunkel sind die Säugetiere im Wald, die Vögel seltener – sie nutzen eine breitere Farbpalette. Als diente das Schwarz dazu, sich zu verstecken, zeitweise zu verschwinden.

DER FREMDE Dubienka. Der Name dieses Städtchens klang wie ein Diminutiv, und das lockte mich. Ich wollte, dass er vom altrussischen *dub* käme, das heißt Eiche. Eichen wuchsen auf den umliegenden Anhöhen hervorragend, wie die in dem gotischen Wald hinter Matcze.

Auf einer Bank vor dem Laden saß ein Mann mit Siebenmeilenstiefeln, mit einem Sack, der sein einziges Hab und Gut sein konnte. Sein spärlicher Bart erinnerte an Schamhaare und wirkte furchteinflößend. Das Licht aus dem Laden beleuchtete ihn von hinten, daher sah er aus wie ein Jurodiwy auf einer russischen Ikone, ein Narr in Christo. Aus der Dunkelheit unter der Bank fischte er etwas Blitzendes, erhob es zum Mund und schluckte es. Als ich näher kam, roch es nach Hering. Der Mann brach langsam Brot und trank Wasser dazu. Immer wieder schüttelte es ihn, als würde dieser Hering in seinem Bauch schwimmen und ihn von innen auskühlen. Zum Schluss nahm er einen ordentlichen Schluck Wodka und räumte nach der Mahlzeit gewissenhaft auf. Ein paar um einen Audi und einen Golf III versammelte Halbstarke beobachteten ihn. Sie spotteten über den Pilger und sparten nicht mit vulgären Sticheleien. Gestern hatte ich keine solchen Typen bemerkt. Weder in Raciborowice, in Kułakowice noch in Annopol. Auch heute in Horodło, in Bereźnica und Skryhiczyn nicht. Kein Aufheulen von Motoren, kein Gestank von verbrannten Reifen. Niemand, der laut geflucht, der »Scheiße«, »Fuck« oder auch »leck mich am Arsch« gesagt hätte. Und zwischen den Orten, das heißt in den Wäldern und Wiesen an der Straße, hatte es keine benutzten Präservative und keine bunten Verpackungen gegeben. Ja, die jungen Leute tauchten erst in Dubienka auf. Ich belauschte sie, um mich über ihre Liebe zu starken Motoren, Trainingsanzügen und weißen Socken zu wundern. Und ich überlegte, ob ihr vulgäres *piździec* nicht ein Russizismus war und von *pizdec* kam. Nein, danach zu fragen, wagte ich nicht.

Der Fremde vor dem Laden richtete sich stolz auf und ging. Der Regen verwandelte sich in Nebel, dicht wie das Bindegewebe der Säugetiere. Ich ging dem Mann nach, lief sogar, ich wollte ihn fragen, wohin er gehe, was er hier mache, aber er war auf dem Weg nach Husynne verschwunden. Dort gähnte nur das dunkle Hohltier der Nacht.

WELT In meinem Quartier bei einer älteren Frau wartete eine Erzählung. Man merkte, dass die Oma das Leben ganz aus der Nähe gesehen hatte, ein Leben mit einer großen Menge Geburten, Angst und Freude. Mit der Erfahrung häufiger Vermehrung, in der sie Mutter war, aber auch Hebamme all ihrer Kätzchen, Ferkel und Kälber. In der Welt, die sie beschwor, in ihrer Kosmogonie, gab es auch eine intuitive Wahrheit über den Tod, egal, ob er den Onkel als Soldaten traf oder eine Kuh, die sich aufblähte. Ihr Maß für all das waren Angst und Freude, vielleicht unbewusst, jedenfalls konnte sie sich am besten an die Geburten und Tode erinnern und erzählte mehrmals davon. Sie sagte, die Unruhe, die Sorge um die Kinder, um die Menschen, das heißt um die Welt, vergehe nur langsam, erst jetzt, am Tor zum Friedhof. Ich hörte aufmerksam zu, aber es war klar, dass meine Aufmerksamkeit und ihre Sorge der Welt nichts nützten.

UCHAŃKA Die Kirche der Feindseligkeit
und des Elends hatte die polnische Zerstörungsaktion
der orthodoxen Gotteshäuser im Jahr 1938 überstan-
den. Ich musste sie sehen. Nein, es gibt keine Ikone der
Feindseligkeit und des Elends, es gibt keinen solchen
Feiertag, aber die Kirche existiert. Sie steht im Zentrum
von Dubienka als Denkmal einer dummen Entschei-
dung des Militärs und der Politiker. Sie zerstörten oder
schlossen ukrainische Gotteshäuser, weil es angeblich zu
viele waren. Die Augäpfel der Fenster alle eingedrückt,
die Heiligen geschändet von Feuchtigkeit und Wind. Die
Türen verrammelt. Unweit davon hatte man einen Panzer aufgestellt, dessen Rohr genau auf die orthodoxe Kirche zielte. Als würde er darauf aufpassen, dass niemand
sie öffnet. Und neben dem Panzer eine ungewöhnliche
Tafel: Hier, auf diesem kleinen Platz, befinde sich das
»Zentrum von Dubienka«. Nicht dort bei der orthodoxen Kirche. Damit kein Zweifel bleibt. Die katholische
Kirche liegt an der Peripherie, an der 816. Die Kirchen-
tür krönt ein Kreuz. Sein linker Arm ist abgebrochen.

Nach Uchańka wanderte ich über die Wiesen, auf denen Kościuszko sich mit den Russen geschlagen hat. Die Grenzer erzählten, der Bug sei an dieser Stelle seicht wie eine Badewanne, was die Schmuggler gern nützten. Unlängst hätten sich zwei von ihnen vor der Streife versteckt, auf einer Weide, wo sie vom Hochwasser überrascht wurden, und weil Frost war, froren sie gottserbärmlich. Entsetzt riefen sie selbst um Hilfe. Die Grenzschützer erwähnten auch, dass außer den Schmugglern auf den Wiesen hin und wieder große Nachtvögel zu sehen seien. Wahrscheinlich Eulen. Sie sähen furchterregend aus, hätten Augen groß wie Brillen und im Flug seien ihre aufgespannten Flügel so breit wie ein Erwachsener hoch. Nachtadler sozusagen, leise wie Geister.

Ja, wenn man einen fliegenden Uhu sieht, kann man es kaum glauben. Der Verstand ist einfach nicht einverstanden. Ein fliegendes Männchen mit einem toten Hasen in den Krallen widerspricht der Schwerkraft, ja sogar der Biologie und der Physik. Schließlich sollten Vögel keine Säugetiere entführen. Schließlich kann das, was so groß ist, nicht so leicht sein. Und lautlose ausladende Bewegungen kann man sich kaum vorstellen. Eine Bewegung ohne Laut ist wie ein Mensch ohne Schatten. Man wartet einen Moment in der Hoffnung, es sei nur eine Täuschung, man hätte es sich eingebildet, aber eine Erklärung kommt nicht. Die Begegnung mit dem Urtümlichen bewirkt, dass man sich nie wieder sicher fühlt.

Durch die Erzählung der Grenzer erinnerte ich mich
an die lange Feder eines Uhus vom Biebrza-Fluss, die
ich vor zehn Jahren gefunden habe. Sie lag unter einem
Heuhaufen. Feuerrot wie das letzte Lumen der Sonne.
Wie ein verlorenes Stück Licht, das es nicht hinter den
Horizont geschafft hat. Als ich sie in der Tasche verstaut
hatte, wurde es dort hell und warm. Und die Tasche
wurde irgendwie leichter. Ich erinnerte mich – ich fand
den Moment zwischen Erinnerung und Vergessen. Vielleicht sogar, wer weiß, zwischen der Ewigkeit und ihrer
Negation.

Im Dorf Uchańka ging gerade die Holzepoche zu
Ende. Die Epoche von Kiefer, Tanne und Eiche. Die
ukrainischen Hütten begannen zu verfallen, gleichsam
aus Respekt vor den neuen, gemauerten Häusern. Die
neuen waren noch nicht besonders zahlreich. An vielen Stellen erfasste der Blick drei, sogar vier Holzhäuser
zugleich. Ein Sockel – Überbleibsel eines zerbrochenen
östlichen Kreuzes – stand neben einem römischen Kreuz
und markierte eine Zäsur in der Geschichte Uchańkas:
die Ausreise der Ukrainer nach dem Krieg, die Ankunft
der Polen von jenseits des Bugs und aus anderen Gebieten. So ist es in vielen ruthenischen Dörfern hier gewesen. Ein alter Mann, den ich traf, verriet mir, dass das
letzte orthodoxe Großmütterchen Anfang der sechziger
Jahre ausgewandert sei. Nach Kanada.

Aus der halb geöffneten Tür eines Kuhstalls ragte

der schwere archetypische Schädel eines Bullen. Vorher schon hatte ich das Gehege eines rüstigen Vergewaltigers gesehen, eines Hahnes mit blutbeschmiertem Hals. Und einen Eber, schmutzig, fett wie ein verkommener Despot. Seine riesigen Hoden störten ihn beim Gehen. Drei Archetypen der Männlichkeit, bekannt, vertraut, schmutzig. Großartige Verkörperungen des maskulinen Geschlechts. Eine kanonische Triade.

In Kolemczyce musste ich – schon zum wiederholten Mal – die dämlichen Bemerkungen der Grenzer ertragen. Sie verstanden nicht, wie man so durch den Regen und Schlamm gehen konnte, anstatt zu Hause Hämorrhoiden auszubrüten. Sie hielten mich nicht einmal für einen Schmuggler, sondern eher für einen Depp. In der Hand hatte ich trockene Stängel von Nachtkerze und Rainfarn. Hinter dem Ohr einen winterlichen Lindenzweig. Einen dummen Hanswurst mit einem Kräuterbüschel hatten sie da vor sich. Sie redeten viel. Die Grenze bewachte für sie *Dentrocopos major*, der Buntspecht, in schwarzweißer Uniform mit roter Mütze. Zwei Wintergoldhähnchen unterstützten ihn. Da können wir ruhig schlafen, dachte ich. Dann kam der Nebel, vielleicht auch ein leichter Schneeregen. Jedenfalls konnte ein Zug Luft einen Schluck Wasser ersetzen.

WINTER Der Winter begünstigte das Vergessen, man konnte bemerken, wie beschleunigt es vor sich ging. Niemand schaute die Dörfer und Städtchen an und behielt sie im Gedächtnis, denn die Leute saßen in ihren Häusern. Regen, Schnee und Nebel ließen sie in ihren Wohnungen verharren; die deutlichsten Wintererinnerungen stammten in der Regel aus den Wohnungen. Die Tage wurden kurz, das Licht nahm ab, immer weniger war zu sehen. Ich würde mich nicht wundern, wenn dieses Viertel unserer Erinnerung, der Winter, das ärmste wäre. Denn man kann doch die Erinnerung in vier Jahreszeiten einteilen?

PROFANUM In Husynne machte ich mich über meine Enttäuschung lustig, dass es keine Holzhäuser gab. Was hatte ich dort erwartet? Eine Reihe von Holzkaten mit Strohdach, Heuhaufen und ein Ferkel vor jedem Haus? Eine Schar Gänse auf der Straße? Und eine schöne orthodoxe Kirche? Es gibt hier seit fast achtzig Jahren keine orthodoxe Kirche mehr.

An einem Augusttag des Jahres 1938, kurz vor dem Morgengrauen, fuhren vor der orthodoxen Kirche von Husynne fünf Autos vor, mit gutbezahlten Soldaten und Freiwilligen. Auf der Wiese kreischte ein Wachtelkönig. Das Gotteshaus war aus Backstein, hatte sechs Kuppeln und war nach dem heiligen Onufry benannt. Bevor die Soldaten einen Rammbock aufgestellt und Seile um die Fundamente der Kuppeln gelegt hatten, liefen die Einheimischen zusammen. Sie flehten und weinten. Zuerst rissen die Soldaten die Kuppel über der Vorhalle herunter; sie stürzte, zerbrach aber nicht. Die Leute werteten dies als Zeichen des Himmels, und bevor man sie 1947 deportierte, redeten sie darüber wie über ein Wunder.

Die Wände konnte man nicht mit einem Seil abreißen, also brachten sie den Rammbock in Stellung. Es war ein beschlagener Eichenklotz. Hieb um Hieb schlug er Löcher in die Kirche. Die Leute sahen zu. Sie heulten vor Schmerz, fluchten, verloren fast den Verstand. Die Männer machten erst vor den Bajonetten der Soldaten halt. Die Hunde bellten wie verrückt, sogar die Kühe stimmten in das Gebrüll ein, um den Menschen klarzumachen, dass man so etwas nicht tun dürfe. Weinen, Schreien, Getöse hinter einer Mauer aus Staub, Verwünschungen und Bitten.

Was empfindet der Mensch, wenn man sein Heiligtum zerstört? Wenn Maria ein Eichenpflock in den Bauch gerammt wird? Wenn *Isus Christos*, der Unsterbliche, nach einem einzigen Hieb zu Staub zerfällt? Und der Himmel aus dem Gewölbe auf die Erde kracht? Womit kann man das vergleichen? Vielleicht ist es, als würde man zusehen, wie die eigene Familie erschossen wird? Ein polnischer Bauer, der mit seinem kleinen Sohn den Vorfall von den Wiesen am Bug aus beobachtete, murmelte: »Jetzt wird es keinen Frieden mehr geben.« Der Sohn schrieb später ein Buch über Husynne.

Ein Moment, da der Allmächtige nichts vermag. Da der Verdacht, es gäbe ihn nicht, besonders plausibel erscheint. Der Mensch ist dann, wie Gott, ohnmächtig. Sie konnten nicht einmal die Polizeiabsperrung überschreiten, um wenigstens den Kopf eines Heiligen festzuhalten. Es wurde ihnen nicht erlaubt, ihren Gott zu retten. In jenem Jahr zerstörten die Polen im Landkreis Chełm achtzehn orthodoxe Kirchen. In der ganzen Woiwodschaft Lublin weit über hundert. Niemand hat mich jemals darüber unterrichtet in den sieben Schulen und vier Universitäten, die ich besucht habe.

Später transportierten sie die Reste des Sacrums ab, um damit die Straßen zu befestigen. Hauptsächlich die sumpfige Strecke durch die Wiesen, aber auch die Landstraße Doroshusk–Dubienka, die heutige 816. Man fuhr mit Pferdewagen darüber, die Kühe liefen darauf. Diejenigen, die zu Fuß gingen, entdeckten unter ihren Füßen sicher die Bilder der Heiligen, Märtyrer und Kirchenväter. Du gehst auf den Markt in Dubienka, und da ist der heilige Nikolaus, ein Stück weiter der Erzengel Michael, Gabriel. Manche Bilder nahmen die Menschen mit und stellten sie in die Bildstöcke am Wegrand. Eine in einer Pfütze oder zwischen Pferdeäpfeln gefundene Verkündigung regte die Leute sicher mehr auf als das Jüngste Gericht mit Darstellungen von Teufeln und Verdammten. Dass die Teufel niemand gerettet hat, ist so gut wie sicher. Aber das Jüngste Gericht versetzte diejenigen, die sich schuldig fühlten, vielleicht in Angst und Schrecken.

Józef Sieniawski lehnte es ab, den Schutt dessen abzutransportieren, was unzerstörbar war. Trotz der Drohungen von Polizei und Militär. Vielleicht auch der Nachbarn. Ja, die Nachbarn drohten bestimmt. Auch der

50

katholische Pfarrer aus dem Ort Bończa unweit Krasnystaw hatte keine Angst vor ihnen. Als die Brigade zur Zerstörung des Heiligtums kam, rief Pfarrer Franciszek Karpiński die Gläubigen zusammen. Die Leute ergriffen Kreuze und Fahnen und umstellten in einer dichten Prozession die orthodoxe Kirche. Der mutige Pfarrer teilte den Soldaten mit, er werde es nicht zulassen, dass das Gotteshaus zerstört wird, da müssten sie zuerst seine katholische Kirche zerstören. Es ist ihm gelungen, die orthodoxe Kirche zu retten – und vielleicht auch noch ein wenig mehr.

In Husynne stand mitten im Dorf ein Laden – ein großer Kiosk mit einem vergitterten Schaufenster über die ganze Wand. Aus dem Fenster leuchtete es hell und golden, wie von einem Altar. Drinnen standen Reihen von Käufern. Gehorsam und geduldig warteten die Kunden, zum Ladentisch gewandt, und sie schienen etwas zu … singen? Ich starrte auf dieses Phänomen wie die Wildgans nach Norden. Und der Verkäufer hinter der Theke hob die Hände – ja, es war ein Pfarrer! Die Leute beteten im Laden! Vor Jahren hatten Soldaten ihr Gotteshaus zerstört, die Christen wussten nicht, wo sie beten sollten, und so gingen sie in den Laden. Der Laden hat bei uns immer in den Bereich des Profanums gehört. Dort schwänzte man die Schule, dort trank man, manchmal übergab man sich auch dort.

Ein Kreuz, ein eisernes. Wieder aus einem Rohr. Das

lässt sich weder verbiegen noch zerbrechen. Auf dem Rohr die Inschrift: »Gott, vernichte das Ketzertum.« – »Welches Ketzertum?«, fragte ich, aber niemand antwortete. Warum steht da nicht »Gott, baue eine Kirche«, hätte ich gern gewusst, aber alle befanden sich im Laden. Das heißt in der Kirche. Ich konnte den Schluss der Laden-Lithurgie nicht abwarten, das Licht ging zur Neige. Ich lächelte nur darüber, dass auf Russisch das polnische Wort für Laden, *sklep*, Grabgewölbe bedeutet, also beinahe Kapelle, damit passte es etymologisch ganz gut. Gott, vernichte das Ketzertum. Oder nein – gib noch ein paar Strahlen mehr. Nur bis Dorohusk. Lux für drei Kilometer. Damit ich ein wenig Luxus habe beim Gehen. Auf diesem Span von Weg, auf dem Seitenstreifen, um Gott Vater, Gott behüte, nicht auf Gesicht oder Hände zu treten. Was heißt das schon, dass er unter dem Asphalt liegt? Ort ist Ort. Die Koordinaten lügen nicht. Sünden sollte man lieber meiden, selbst die der anderen.

GRENZE Im Laden von Dorohusk gab es keine Liturgie, da gab es junge Leute und Bier. Die Verkäuferin riet mir zu der billigsten Unterkunft in der Stadt: dem kleinen Hotel des Gemeinde-Sportklubs »Grenze«. Auf der Erde herrschte eine Finsternis wie im Baumloch des Schwarzspechtes, doch Adverbien führten mich: dort, hier, da lang. Im Hotel Grenze gab es keine frische Bettwäsche, aber der freundliche Hausherr (ein Mittelfeldspieler) versicherte, dass die Gäste-Mannschaft vor dem Match übernachtet habe, daher sei das Bettzeug praktisch sauber. Ich stimmte bereitwillig zu. Schließlich wäre es wesentlich schlechter gewesen, wenn sie nach dem Match übernachtet hätten.

Grenze bedeutet hier – abgesehen vom Sportklub – hauptsächlich Grenzübergang, das heißt etwas ganz anderes als im Wald oder auf den Wiesen. Es ist keine Verbotslinie, nicht der Fluss, kein weißroter Pfosten über einem Altarm. »Zur Grenze« fahren bedeutet zum Übergang fahren. Die Grenzlinie ist hier durchlässig. Sie hat in Dorohusk einen Durchgang, einen Schlagbaum und eine Brücke. Das dringende Bedürfnis, sie zu betrachten – das war das alte, beschämende Verlangen nach dem Unsichtbaren. Nach dem Metaphysischen und Verbotenen. Der Gedanke an die nahe Grenze regte die Vorstellungskraft weitaus stärker an als Wochen des Hungers.

Nicht viele Übernachtungsobjekte können sich einer solchen Lage rühmen wie der Sportklub »Grenze«. Er liegt am östlichen Rand von Dorohusk, einen Kilometer vom Bug entfernt. Ich erwischte ein Zimmer mit Blick auf die Dunkelheit und auf einen Lichtschein. Der Lichtschein verdeckte den Grenzübergang, die Dunkelheit die Grenze selbst. Ein Bett stand auf der Seite der Dunkelheit. Für dieses entschied ich mich und schmiegte mich an die Wand. Wie Uchańka sich an die Wiesen schmiegt. Ich klebte mit dem Rücken am Limes wie Dreck am Schuh. Und so verharrte ich bis zum Morgen.

SCHNECKEN

Meine Füße weckten mich. Ihre Ungeduld. Füße verwildern so schnell. Kaum hatte ich die Augen geöffnet, schon huschten sie in die Löcher der Siebenmeilenstiefel, die ich einst von dem Förster Piotrek Cebula bekommen habe. Sie strampeln, arbeiten, schnüffeln wie ein Paar wilder Tiere. Eigenmächtig, unbändig durchlöchern sie beinahe täglich die Socken. Die Socken gehen zuerst kaputt, sind nach einem Tag am Ende, stinken nach Müdigkeit. Obdachlosigkeit, ihr strenger Geruch, ihr Elend, beginnt mit dem Fehlen von Socken. Unterhosen halten länger.

Die Straße ließ mir keine Wahl. Sie zwang mich zum Marsch Richtung Grenze, das heißt in Richtung des Grenzübergangs und des Dorfes Okopy. Eigentlich entschied in Dorohusk die Straße für den Menschen. Die hiesige asphaltierte *axis mundi*. Die einzig mögliche für die Leute aus Dorohusk, Okopy, Husynne, Dubienka, Bereźnica, Horodło. Und aus Uchańka.

Es genügte, für einen Augenblick die Weltachse zu verlassen, um sich in den sumpfigen Wiesen bei Okopy zu verirren. Ich mahlte mit den Füßen die schwere, nasse Erde, mit ihrem Gras, den Sumpfdotterblumen und Blutaugen, bis ich begriff, dass dieses Überschwemmungsgebiet, dieser Sumpf der Bug selbst war. Er sickerte durch das Weideland und verbot nicht nur den Osten, sondern auch den Norden. Die Grenze drang in die sumpfigen Wiesen ein, anders gesagt, sie drang nach Westen vor, und ich watete widerrechtlich in ihr herum. Ohne Pass, ohne Papiere, ohne eine Münze unter der Zunge. Irgendwo unter meinen Füßen schliefen Frösche, Spinnentiere, Bauchfüßer, genannt Schnecken, die noch aus dem Paläozoikum stammten. Sie alle bildeten, sie schufen die Grenze. Ja, sie sind älter als der Bug selbst. Der Bug ist gerademal aus dem Tertiär.

GRÜNFINK   Und da kam ein Grünfink ange-
flogen. Er durchbohrte die Welt und setzte sich in meine
Nähe. So plötzlich, dass ich den Blick gar nicht zu Ende
führen konnte. Ich dachte die Form und hörte den Laut,
deren Inhalt auf einem Strauch saß. Es war schwer zu
sagen, ob ich, als er noch flog, zuerst die Bewegung oder
vielleicht doch die Farbe sah. Wahrscheinlich eher die
Bewegung, aber ich war mir nicht sicher. Ähnlich mit
der Stimme: Was war zuerst – Töne oder Dezibel? Mir
scheint, die Dezibel und danach erst der Wohlklang und
der rhythmische Wert. Und all das hieß *Chloris chloris*,
Grünfink.

STRASSE 816

HIER Es goss wie im Proterozoikum, als dies alles begann und es angeblich schon Blaualgen gab. Ich stellte mich an der überdachten Haltestelle unter, direkt an der Nadbużanka, die im Paradeschritt in Richtung des Dorfes Świerże marschierte. Aber unter dem Dach wurde das Klopfen der Regentropfen noch hörbarer, die Windstöße noch lauter. Es hatte eine Stunde Fußmarsch im Regen und diesen Unterschlupf gebraucht, um zu begreifen – dass in einem Raum das Unwetter schlimmer erscheint als im Freien, dass es manchmal mitten im Blickfeld gemütlicher ist. Besonders, wenn es in den Rücken weht wie in ein Segel und man dadurch leichter geht; die Schwerkraft macht weniger Probleme als an heiteren Tagen.

»Filmen und Fotografie in HD-Qualität«, meldete ein Schild am Zaun eines einsamen Holzhauses. Da bot jemand die Fixierung der Wirklichkeit an, und das in HD, High Definition, aber sein Haus kam nur mittelmäßig mit der Zeit zurecht. Besonders beeindruckend war das HD – woher hatte jemand in dieser Hütte, in dieser Bretterbude, eine Ausrüstung für HD? Woher kam die Fähigkeit, die Technologie, der Strom? Ein eiliges Foto der Kate schien mir obligatorisch. Im Grunde war es aber Ausdruck echter Sorge und Wehmut.

Ein Stück weiter hatte jemand ein Zwanziger-Rohr in die Erde gerammt, an seinen oberen Teil war ein zweites, kürzeres geschweißt. Das Ganze war rot angestrichen, mit einem giftigen, bolschewistischen Rot. Erst die kleine Tafel mit der Zahl 2000 machte mir klar, dass es sich vielleicht um ein Kreuz handelte. Ja, das war ein Kreuz. Die gab es erst in letzter Zeit, diese Kreuze aus Winkeleisen, Rohren und T-Trägern. Um ein Holzkreuz musste man sich kümmern, es war ein bisschen wie eine Pflanze. Es schien zu wachsen, nicht stillzustehen. Es veränderte die Farbe wie ein lebendiger Baum, mit der Zeit wurde es von Moos, Goldflechte und anderen Pilzen bedeckt. Wenn es vermodert war, musste man ein neues setzen, jemand musste das Holz zurichten, musste kommen und es aufstellen. Jemand musste sich an den Ort erinnern. Es sah so aus, als würde hier ein Zyklus zu Ende gehen, eben mit diesem roten Zeichen aus Eisen.

Man kann sich schwer des Eindrucks erwehren, dass, wenn die Wiesen die Nadbużanka erreichen, sich mit ihnen auch die Grenze in diese Richtung verschiebt. Das ganze Ökosystem von Fluss und Wiesen bildet diesen *limes orientalis*. Die Botanik und die Ornithologie, die Herpetologie und die Ichthyologie sagen mehr über die

Grenze als die politischen Wissenschaften und die Geschichte. Ja, die Wiesen sind schon Grenze, die Felder sind eher noch Polen. Auch wenn sie direkt an den Bug heranreichen, so gehören die Felder doch zum Landesinneren Polens.

Świerże beginnt mit dem Friedhof am Rand dieser Wiesen. Hinter dem großen Kopfende eines der Gräber hantierte ein zerbrechliches altes Mütterchen mit verschiedenen Geräten zur Pflege der Erinnerung an die Toten: Bohnerwachs, Lappen, Bürsten, Handbesen. Mit ihrer Hilfe kämpfte sie gegen die Zeit an, versuchte die vertrauten Namen vor Schmutz und Moos zu retten. Ich konnte nicht umhin, an High Definition zu denken. Sie rollte ihren Kram zu einem Bündel zusammen und wusste nicht, dass ihre Sorge und ihre Erinnerung sichtbar, nicht zu verbergen waren. Und die gewienerten Buchstaben nicht zu retten.

Allein an den in die Grabsteine gravierten Namen konnte man die Geschichte des Dorfes Świerże ablesen. Östliche Familiennamen dominierten: Iwaniszczuk, Tarasiuk, Stasiuk, Tkaczuk, typisch polnische waren seltener, aber doch zahlreich. Bemerkenswert war das Vorkommen deutscher Namen: Szulc, Gier, Bass oder Grel. Das könnten preußische Siedler gewesen sein, denen polnische Gutsbesitzer Land verkauft haben, als sie erfuhren, dass sie es den Bauern würden abtreten müssen. Einige wenige Gräber der Familie Singer zeugten davon, dass irgendwo in der Nähe auch ein jüdischer Friedhof sein konnte. Manche Grabsteine waren beschädigt, andere sogar verwüstet. Jemand hatte das Kreuz vom Grab der kleinen Sofia Dyczko entwendet. Sie wurde 1918 geboren und ist ein Jahr später gestorben.

SPÄT Der Regen hatte aufgehört. Die Straße lief zum Laden, und ich folgte ihr. Der Geschmack der Dosenwurst, zu der ich eine Limonade trank, erinnerte mich an Schulausflüge und die Unternehmungen des Biologiekreises. Der Sandstein eines nahe gelegenen Denkmals mit dem Datum 1863 ließ keineswegs an den Aufstand denken; eher an die Geologie, vor allem an die Herkunft des Gesteins. Dies wird in magmatisches, metamorphes und sedimentäres Gestein unterteilt. Der Sandstein gehört zum sedimentären Gestein, zu dem, das am schnellsten verwittert und zerfällt. Aus diesem Material war das Denkmal gemacht, was mir als seine Haupteigenschaft und wichtigste Botschaft erschien. Trotz des eindeutigen Datums, trotz der Stufen und des Adlers wusste ich, dass man in solchem Gestein nicht versuchen sollte, irgendwelche Ideen zu verewigen. Man hatte geradezu Lust, einen Splitter davon in den Mund zu nehmen und zu kauen, um einen Geschmack zu gewinnen. An einen Geschmack erinnert man sich das ganze Leben, das heißt für immer.

Später suchte ich aus alter Gewohnheit nach Holzhäusern unter den Plastikverkleidungen. Hier und da waren im Schatten der neuen Betonhäuser welche verborgen, und ich zählte sie. Ich weiß nicht, warum ich das mache, aber ich bin konsequent darin. Manchmal trage ich die Katen in einen Plan der Umgebung ein, halte mich in ihrer Nähe auf und betrachte sie lange. Man könnte daraus eine extra Landkarte anfertigen, eine Karte des Blickfeldes. Unter den wenigen Holzgebäuden, die hier überlebt hatten, stachen der Kindergarten und die Bibliothek hervor. Das Gebäude der Bücherei eignete sich hervorragend zur Aufbewahrung der Geschichte des 20. Jahrhunderts. Das schreibe ich wahrscheinlich, weil ich ein Vorkriegsfoto der Bücherei gesehen habe. In der Nähe plauderten drei Bewohner von Świerże, die trotz des vielen Wassers in der Luft zwanghaft ihren Durst löschen mussten.

»Wohnt hier noch die Familie Singer?«, sprach ich jemanden an.

»Nein, das ist zu spät.«

»Zu spät?«

»Da bist du fuffzig Jahre zu spät.«

Fünfzig Jahre Verspätung sind schwer zu rechtfertigen. Wie auch der Spaziergang durch den ausgedehnten Park, in dem einst ein Gutshof stand. Ein Spaziergang an Orten, die es nicht mehr gibt. Auch die Suche nach dem Platz, an dem die orthodoxe Kirche gestanden hatte, die bei der unrühmlichen Aktion zerstört worden war, brachte nur Enttäuschung. Und die ganze etymologische Touristik, die ganze Re-Kreation. Nicht des Körpers, sondern der Welt. Da streifst du das Nichts. Und kannst selbst leicht verlorengehen. Daran werde ich sicher immer denken müssen, wenn ich eine Wurstdose öffne.

In einer uralten katholischen Kirche hinter dem Dorf, direkt an der Grenze, kam ich wieder zu mir. Überall lugte die Fähigkeit alter Dinge zu überdauern hervor, ihre Widerstandsfähigkeit gegen die Prozesse des Zerfalls und der Oxidierung. Die Gegenstände existierten weiter, trotz des Lichts und der Feuchtigkeit. Trotz der Deutschen und der Russen. Sie waren stärker als die Menschen. Unsere Hocker, unsere Tische, unsere Messer. Sie sind tapferer als wir. Wir können Geduld von ihnen lernen, Hartnäckigkeit, wir können ihre Weisheit und ihren Mut bewundern. Sogar eine Eichenbank kann ewig sein.

NESTER Wenn man von Horodło aus rechnet, habe ich etwa zwanzig Vogelnester gefunden. Um diese Jahreszeit ist das einfach, denn ohne Blätter ist die Aussicht leer wie eine Bühne. Vogelnester erfreuen mich nicht weniger als die Holzhäuser der Menschen. Sie gehören offensichtlich zur selben architektonischen Art. Die Tatsache, dass der Mensch Gehölze und die Vögel krautige Pflanzen nutzen, scheint mir kein wesentlicher Unterschied zu sein. Schon früher, wenn ich über Nester schrieb, notierte ich: im *Dach* des Nestes – Moos, Fäden, Flaum, Spinnweben und Pferdehaar. Es war angenehm, sie aus den Büschen am Wegrand zu schälen, die so nackt waren, dass es schwerfiel, an den Juni zu glauben.

Vogelnester. In Büschen und Bäumen verstreute ephemere Orte, Fetzen von Gemütlichkeit. Sie haben der Amsel gehört, der Mönchsgrasmücke, der Singdrossel und dem Buchfink. Der Ringeltaube, der Türkentaube, dem Distelfinken und dem Pirol. In der Regel riefen sie vage Sehnsucht nach einem Zuhause hervor, aber es war nie das, in dem ich gerade wohnte. Und wie kommt es, dass der Buchfink immer Spinnweben benutzt und der Grünfink nicht? Dass die Singdrossel die Mulde des Nestes mit Holzbrei verklebt und die Amsel sie nur mit Federn auslegt? Warum bestehen einige Distelfinken so sehr auf Pferdehaar und womit ersetzen sie es, wenn die Pferde von den Feldern und Wiesen verschwunden sind?

Alle Nester waren nach einem bestimmten Muster gebaut – unregelmäßig rund – und verrieten so den Versuch, einen vollkommenen Kreis nachzubilden. Man konnte in ihnen nicht die geringsten Eigenschaften eines Quadrates oder Rechtecks erkennen. Die ovale Form hat ihren Ursprung in der uralten Bewegung, die jedes Lebewesen ausführt, wenn es friert. Im Sich-Einwickeln, Sich-Einrollen, Sich-Einhüllen. Man kann sie im Nest der Maus finden, im Kokon des Kiefernschwärmers und sogar in der Puppenwiege des Käfers *Rhagium inquisitor*, des Schrotbocks. Auch bei Menschen kann man sie beobachten – in der gegenseitigen Umarmung. Und auch in der Embryonalhaltung, zu der wir neigen wie andere Säugetiere, Vögel und Insekten.

HNISZÓW In der Kurve Richtung Hniszów litt ein einsamer Christus für unsere Sünden, und sechs Kastanienbäume litten wegen der Larven eines kleinen Schmetterlings – der Rosskastanienminiermotte. Der Sohn Gottes war schwarz geworden, die Kastanien vertrockneten. An den Wänden der Bushaltestelle prangten nur zwei schüchterne Schimpfwörter. Alle *chuje*, *pizdy* und *love krowe* hatten sich in die Internetforen verzogen. Im Dorf, an der Stelle, wo früher ein Gutshof war, stand die größte Eiche der Woiwodschaft Lublin. Man brauchte ein detailliertes botanisches Wissen, um glauben zu können, dass der Baum aus einer kleinen Eichel entstanden war. Es sah aus, als wäre das Blickfeld explodiert, als wäre die Troposphäre geplatzt. Die Unwiderruflichkeit der Wachstumsprozesse war imponierend, die Dominanz der Eiche unbenommen.

Und da tauchte ein Mütterchen auf:

»Hier? Hier ist es so: Vierunddreißig Häuser stehen leer! Vor dem Krieg gab es hier fünfzehn katholische Familien, ukrainische etwa siebzig. Die Leute redeten orthodox miteinander. Meine Eltern zum Beispiel waren Katholiken, aber sie redeten ukrainisch.«

»Ukrainisch, das heißt orthodox?«

»Eben! Da war kein Unterschied, sie heirateten untereinander. Den Glauben, den der Junge hatte, den nahm das Mädchen an. Wenn ein Katholik eine Ukrainerin zur Frau nahm, gingen sie in die katholische Kirche, wenn der Mann orthodox war, in die orthodoxe.«

»Und wo war die katholische Kirche?«

»In Świerże. Die orthodoxe auch, aber wissen Sie, das war es ja! Haben Sie von dem Massaker der Ukrainer gehört? Die, die regiert haben, diese Lumpen, haben ja die orthodoxe Kirche zerstört! Die, die umgekommen sind, waren unschuldig, und die, die sie abgeschlachtet haben, waren unschuldig. Sie haben die orthodoxe Kirche in Świerże zerstört! Können Sie sich so was vorstellen?«

»Haben Sie es gesehen?«

»Ich hab's nicht gesehen, aber ich weiß noch, wie sie geweint haben, wie sie niedergekniet sind. Ich war fünf. Damals haben sie in Polen siebenhundert orthodoxe Kirchen demoliert. Merken Sie sich: Der Deutsche hat mehr Verstand im Arsch als der Pole im Kopf!«

Durch das Dorf führte ein sandiger Weg, sperrangelweit, wie ein offenes Fenster. Ja, von hier fiel das Licht in Hniszów ein, und die Menschen nutzten es zur Genüge, auf beiden Seiten der Straße stehend. Sie tranken selbstgemachten Wein, unterhielten sich und rauchten Zigaretten. In jemandes gelben Fingern qualmte eine echte Papirossa, eine Bielomor. Standen sie immer so da oder nur, weil sie einen Fremden im Gespräch mit einer alten Frau gesehen hatten? Drei Männer wollten wissen, worüber das geschwätzige Mütterchen gesprochen hatte.

»Über den Arsch der Deutschen«, scherzte ich, aber niemand lachte.

WO LANG Wenn man nach dem Weg durch die Wiesen fragt, warnen die Leute vor dem Sumpf, der morschen Brücke, es sei zu tief, zu schlammig. Da versinken Sie, ein Baum ist umgefallen, das Auto kommt nicht durch. Das Auto? Sie können nicht glauben, dass jemand zu Fuß geht. Von Horodło nach Terespol. Dass er nicht mit dem Auto fährt oder wenigstens mit dem Bus. Sie sehen mich mitleidig an, manche tippen sich an den Kopf. Sie verstehen nicht, warum dieser Sonderling nicht bei der Arbeit ist und Geld verdient. Sie verschwinden in den Häusern, um ihren Mitbewohnern von dem Wunder zu erzählen.

C-330 Im nahe gelegenen Marysin verrostete ein alter Traktor, ein Ursus C-360. Ich erinnere mich, wie ein nagelneuer C-360 auf dem Hof meines Onkels den alten C-330 ersetzte. Das war ein großer Tag im Leben der Familie und der Nachbarn. Die Männer drehten Kreise auf dem Hof, steuerten auf Hühner zu und stellten so ihre Geschicklichkeit sowie die Funktionsfähigkeit der Bremsen unter Beweis. Mein Bruder konnte ein Karusell machen: Er blockierte ein Rad, setzte das andere in Bewegung und brummte im Kreis herum wie eine Hummel. Damit vergnügten wir uns später viele Male, bis uns schlecht wurde. Den alten Traktor hatten sie »Dreißiger« genannt, jetzt redeten alle vom »Sechziger«.

Den Dreißiger zählte ich zur selben Kategorie wie Pferd, Kuh und Schwein. Ich glaubte, dieser Traktor sei ein Tier. Er roch nicht wie eine Maschine, eher nach Großvaters Schweiß und dem alten Schafsfell, auf dem man saß. Vorne, im Gitter des Kühlers, klaffte eine bedrohliche Visage. An ihren Seiten steckten zwei gläserne Augen oder vielleicht Ohren. Wenn der Traktor angefahren kam, flüchteten die Kinder in panischer Angst. Er gab auch organische Laute von sich: Er röchelte, furzte und schien mit sich selbst zu quatschen. Manchmal fuhr er, wohin er wollte. Irgendwas lief ihm immer am Hintern runter, genau wie bei den Kühen oder Stieren. Und er starrte uns ständig an. Mit seinen großen Glotzaugen vorne. Wenn Großvater mit ihm fuhr, sagte er »hü« beim Losfahren und »brrr«, wenn er anhielt.

Der Sechziger war reiner Futurismus. Mechanik. Vorbote der Veränderungen, die da kommen sollten. Die Männer freuten sich über ihn wie über die Geburt eines Jungen. Und der in Marysin rostete jetzt vor sich hin. Er würde zerfallen und verschwinden. Welche Farbe er hatte, war nicht mehr zu sehen. Man konnte kaum das C-360 erkennen; und da musste wohl auch noch der Buchstabe P sein, der davon zeugte, dass der Traktor, wie bei meinem Onkel, einen Perkins-Motor hatte. Wir wussten damals nicht, welche Motoren andere Sechziger hatten. Und auch nicht, wer Perkins war. Wichtig war, dass unserer einen Motor von Perkins persönlich hatte, der sicher etwas mit Perkun, dem baltischen Gott des Gewitters, zu tun hatte.

HNITI, FAULEN

Ich ging. Für eine glaubwürdige Etymologie des Wortes Hniszów hätte ich das Wertvollste gegeben, das ich im Rucksack hatte. Ich dachte an die Menschen, die diesen Namen als Erste benutzt hatten. Wie er von Generation zu Generation weitergegeben wurde, von einer Nation an die nächste. Von den Eltern der geschwätzigen alten Frau an sie selbst und von ihr an mich, der ich ihn zum ersten Mal im Leben aussprach. Es war klar, dass immer weniger Menschen ihn benutzen würden. Hniszów konnte etwas mit dem ukrainischen *hniti* zu tun haben, das heißt mit dem Wort für faulen, zerfallen (polnisch *gnić*).

DORT Es ergab sich, dass ich in einem »postjüdischen«, in einem früher von Juden bewohnten Haus übernachtete. Es war über hundert Jahre alt, aber wichtiger war, dass es »postjüdisch« war. Was hieß das? War es gut oder schlecht? Gibt es dieses Adjektiv im Wörterbuch der polnischen Sprache? Ich wusste es nicht, aber ich machte Feuer im Ofen. Die Unruhe brannte nicht. Der Ofen war ein Kachelofen, aber eher nach dem Krieg gebaut.

Der Wirt, dank eines frischen Selbstgebrannten in guter Laune, erzählte viel. Von einem Topf voller Gold, der in der Nähe von Chełm gefunden worden war. Von einem zweiten, etwas kleineren, den man auf einem nahe gelegenen Feld ausgebuddelt hatte. Mit größter Aufmerksamkeit hörte ich von einer Steinschlosspistole, die jemand auf seiner Wiese gefunden, und von einer alten orthodoxen Kirche, deren Fundamente man auf dem freien Feld ausgegraben hatte. Von einem Wildschwein, groß wie ein Fiat 125p, das aus der Ukraine herüberkam, um in den Gärten zu wühlen, und von einem Biber, der einen Angler totgebissen hatte. Wie konnte ein Biber einen Menschen totbeißen? Der Angler war aus Versehen auf das Tier getreten, und es hatte ihm die Schlagader in der Leiste zerrissen.

Aus irgendeinem Grund wechselte der Hausherr schnell ins Russische. Ich habe mir gemerkt, dass er einige Jahre in Russland Handel getrieben hat, dass er dort nur einmal bestohlen wurde, aber von Polen, nicht von Russen. Dass Russland sicher sei, na ja, es sei vorgekommen, dass auf dem Bahnhof ein betrunkener Milizionär auf seine Frau geschossen habe, und das in Kiev, nicht in Moskau, aber er habe sich danach entschuldigt. Und sie habe ihm verziehen, damit er seinen Job nicht verliert. Ich habe einen guten Vergleich in Erinnerung: »Da war es warm wie im Ohr.« Und einen seltenen Fluch: »Selbst wenn du den Schwanz mit dem Schwanz antreibst.« In Zentralpolen habe ich noch nie jemanden getroffen, der so erzählt hätte, dabei kenne ich mich dort aus wie in meiner Westentasche.

»Und wenn ein Schwanz auf den anderen klettert«, sagte mir der Hausherr vor dem Schlafengehen, »nach Włodawa kommst du morgen nicht. Geh lieber …«

Aber ich hörte nicht mehr zu. Ich freute mich, dass der Mond immer größer wurde, es würde also abends hell sein. Und der Tag länger. Und es war windig, das heißt, es würde keine Wolken geben.

DAS VERB »GEHEN«

Heute Abend sah ich mich um, und dort war die VERGANGENHEIT. Die Fußspur, die ich in der umgepflügten Erde hinterlassen hatte, setzte mich besser ins Blickfeld als jemandes aufmerksamer Blick es getan hätte. Die Spur lief bis zu der Stelle, wo ich stand, und bestimmte als Prädikat ein einsames Subjekt. Sie kam aus der Vergangenheit. Ja, ich fühlte mich entschieden als Subjekt mit einem Prädikat, das ich selbst ausgesagt, in der Erde hinterlassen hatte. Dank dessen existierte ich auf wunderbare Weise. Ganz exakt. Ein bisschen, als schaute ich auf eine detaillierte Karte des Ortes, an dem ich stand, und würde mich selbst dort eingetragen finden. Oder als würde ich mich selbst von weitem sagen hören: »Ich gehe durchs Feld.«

RICHTUNG Der Friedhof einer historischen Ortschaft am Morgen. Es ist so leicht zu erkennen, dass in den alten Gräbern die Bewohner der Holzhäuser liegen. In diesen greisen Grabstätten kann man die gleichen Linien finden, eine ähnliche Harmonie und sogar die Farbe der Behausungen. So wie auch in einfacheren Gräbern – in den Hügelchen aufgeschütteter Erde mit einem Kreuz obendrauf. Die Toten liegen unter denselben Baumarten, unter denen sie geboren wurden: unter Linden, Kastanien und Eichen. Im neuen Teil des Friedhofs liegen Menschen, die wohl keine Bäume mochten. Es sieht so aus, als hätten sie vor ihrem Tod ihre Angehörigen gebeten, alle Bäume zu fällen. Damit die großen Pflanzen ihr Gewebe nur nicht aus der organischen Materie ihrer Körper bauten.

Hinter dem Friedhof verliefen Bahngleise nach Norden. Auf ihnen sind Menschen ins Vernichtungslager in Sobibór gefahren worden, hauptsächlich Juden. Von hier bis zum Lebensende hatten sie noch etwa zwanzig Kilometer Luftlinie. In dieselbe Richtung wollte ich heute

80

gehen. Eine Zeitlang begleiteten mich zwei kalte Stahl-schienen, dann verschwanden sie. Aber es war zu spü-ren, dass sie da waren, dass auf diesem Weg Menschen in den Tod transportiert worden sind. Auch Kinder. Diese Gleise fixierten hier die nördliche Richtung. Sie mach-ten sie zu etwas Besonderem. Zu der einzig möglichen Richtung.

Sie führte nach Wola Uhruska. Ich drehte verschie-dene Schnörkel durch die Gassen des Städtchens, auf der Suche nach der alten Mühle. Bis zum Krieg war sie von einer Dampfmaschine angetrieben worden, die irgend-wann in den vierziger Jahren durch einen Dieselmotor ersetzt wurde. Alte Dieselmotoren können sich in der Nähe der Wälder von Sobibór als äußerst wichtig erwei-sen. Fünf davon dienten in Sobibór dazu, Menschen zu töten. Deshalb wollte ich wenigstens die Reste der deut-schen Maschine sehen. Aber niemand wusste, wo man die Mühle finden könnte. Schließlich erklärte mir ein freundlicher Alter, dass sie vor kurzem zerstört worden sei. Die agrotouristische Gemeinde Wola Uhruska war aus irgendeinem Grund ihre alte Mühle losgeworden.

Vom hiesigen Bahnhof aus waren vor dem Krieg Züge nach Brest gefahren, aber jetzt waren es für immer die Gleise nach Sobibór. Ich versuchte, an Angst und Ein-samkeit zu denken. Ich sagte mir die Gefühle in allen mir bekannten Sprachen auf, als könnte das helfen. Ich stellte mir die Fluchtversuche vor und die Schüsse in der Nacht, von denen am Morgen der Wirt in meinem Quartier erzählt hatte. Was sagt man in solchen Momenten den Kindern? Wahrscheinlich muss man lügen. Ich vermutete, dass das Denkmal neben dem Bahnhof für diejenigen errichtet worden war, die mutig gelogen hatten. Aber es war kein Denkmal für die Opfer, es war eines für die Sieger.

POLESIE

Stare Stulno wies alle Anzeichen einer alten Siedlung auf: uralte Bäume, die Nähe von Wasser, Reste von Kellern. In der Luft lag die schwer zu erklärende Überzeugung, dass hier früher Menschen gelebt hatten. Sie resultierte sicher auch aus dem Verlauf der Wege um einen zum Leben günstigen Hügel, auf dem einst ein Gutshof gestanden hatte. Unweit davon war ein zeitgenössischer Hof zu sehen, ein deutliches Kontinuum menschlicher Anwesenheit. Ein Dutzend Distelfinken, ein bunter Haufen, tauchte plötzlich auf, als hätte jemand eine Handvoll Schmuck in die Krone der Linde geworfen. Sie wohnten nicht hier, sie trieben sich herum. Sie schütteten mir stechende Laute in die Ohren und in den Kragen, so üppig, dass sie mir die Wirbelsäule hinunter bis in die Lendengegend rollten. Der Distelfink oder Stieglitz, ein sorgloser Körnerfresser, hat eine der am leichtesten zu merkenden Stimmen: stiglit-stiglit.

Ein Stück weiter, in Zbereże, begannen die Wälder von Sobibór. Hier wohnten früher Ukrainer, aber nach dem Krieg wurde das Dorf niedergebrannt, und die Leute von Zbereże wurden in die Sowjetunion ausgesiedelt. Am Eingang ins Dorf standen zwei Denkmäler. Eines war einem Kämpfer der Heimatarmee, Żelazny, gewidmet, das zweite den Leuten vom Sicherheitsdienst, die ihn geschnappt hatten. Dieser Widerspruch am Rande des früher ukrainischen Dorfes, eigentlich am Rande der Europäischen Union, die von alldem keine Ahnung hat, erschien mir absurd. Aber aus irgendeinem Grund nahm ich mir die Zeit, die Namen von Żelaznys Soldaten laut vorzulesen. Ein Soldat mit dem Pseudonym Senio wurde ohne Namen aufgeführt, er war gerade zweiundzwanzig Jahre alt, als er umkam.

Die Grenze zwischen Wolynien und Polesie hatte ich irgendwo hinter Horodło überschritten, aber sie war so schwach ausgeprägt, dass man sie nicht bemerken konnte. Kein Pfosten, kein Stein, keine Tafel. Nicht einmal ein Zeichen auf der Karte. Die hügeligen, fruchtbaren Felder gingen einfach in eine sandige Ebene über. Nicht an einer Stelle, sondern an vielen gleichzeitig. Die Wiesen am Bug blieben die gleichen. Erst die Wälder von Sobibór, wo sich zwischen den Bäumen ausgedehnte Sümpfe und Moore erstrecken, veranschaulichen dem Gehenden, dass er in Polesie angekommen ist.

FINKEN Der Distelfink oder Stieglitz gehört wie der Bluthänfling und der Girlitz zu der Familie der Finken. Der polnische Name *łuszczaki* kommt von der Tätigkeit, Samenkörner zu enthülsen, die für die Finken charakteristisch ist. Stur und verbissen machen sich die Finken an die Körner, als gehe es hier um entschieden mehr als ums Fressen. Um eine Art Pflanzenwahrheit oder Vogelsinn. Die Vögel legen frei, enthülsen, schälen. Distelfinken kann man auf Disteln antreffen, den Girlitz auf seinen geliebten Nachtkerzen, den Bluthänfling dagegen auf Wegerich, Sumpfkresse oder echtem Mädesüß, aber durch besondere Hartnäckigkeit zeichnen sich der Dompfaff und der Kernbeißer aus. Um an ihr Ziel zu kommen, können sie die harten Schalen der Eschen- und Weißbuchenfrüchte knacken. Und wenn es sein muss, sogar Kirschkerne.

HINEIN Aufwachen auf einem grünen Fleck der Landkarte. Es war eine Wohnung in einem Block für Waldarbeiter, die von Ornithologen der Landwirtschaftsschule verwaltet wurde. Siedlung Sobibór – Bahnstation. Westliches Polesie. Über die Fensterscheibe wanderte ein Marienkäfer. Ich schaute nach, ob es ein einheimischer oder ein asiatischer war – leider war es wohl ein asiatischer: *Harmonia axyridis*. In dem Wald draußen vor dem Fenster verliefen die unsichtbaren Grenzen der Brutreviere von Uhu, Waldkauz und Bartkauz, die von den Ornithologen sorgfältig erforscht und auf Karten von erstaunlicher Genauigkeit eingetragen worden sind. Auf der Westseite von Sobibór – Bahnstation befand sich damals das Lager. Das Dorf Sobibór liegt fünf Kilometer davon entfernt, Richtung Bug.

Dort räumte ein älterer Mann auf, der ein Schwein geschlachtet hatte, was mehreren Aushängen zufolge verboten war. Es genügte, sich zu verbeugen und zu lächeln, um aus ihm eine ordentliche Portion Wissen über ihn selbst und sein Dorf herauszubekommen. Er wurde im Mai 1939 im nahe gelegenen Tomaszówka auf der anderen Seite des Bugs geboren. Nach dem Krieg wussten sie nicht, wo sie wohnen sollten, sie bekamen also eine ukrainische Kate, in der sie bis heute leben. Denn vor dem Krieg war Sobibór ukrainisch und jüdisch, dort wohnten gerade mal fünf polnische Familien. Im ganzen Dorf, das betonte er, seien nur sechs Kühe und ein Pferd übrig geblieben. Als wollte er unterstreichen, dass der Inhalt des Namens Sobibór sich wieder einmal geändert habe, als wollte er eine besondere Art von Ende signalisieren. Vielleicht das Ende der Epoche, die mit der Domestizierung des Pferdes begonnen hatte.

Heute liegt sein Dorf Tomaszówka in Weißrussland. Was empfindet ein Mensch, dessen Geburtsort plötzlich zu einem anderen Land gehört? Jenseits der Grenze liegt? Und von einer Demarkationslinie durchzogen ist? Er sagt – wahrscheinlich Müdigkeit. Und ein bisschen Angst, weil eine afrikanische Seuche im Anmarsch ist und das Schweineschlachten verboten wurde.

Unweit vermoderte die Tür zu einer verlassenen Kate. In die Tür waren zwei große Blumen geschnitzt, früher einmal farbig. Eine solche Tür gab es auf der ganzen Strecke bis Horodło nicht. In den Blumen erkannte ich eine Kamillenart, die Hundskamille oder die echte Kamille. Vielleicht auch den Wiesenbocksbart. An einem der Schornsteine war ein Datum zu sehen: 18. 9. 1937. Der Erbauer hatte es im Gedanken an die Zukunft hinterlassen. An die Menschen, die hier vorbeifahren und sich das Haus ansehen würden. Sicher nicht für seine Angehörigen und Nachbarn. Er hatte es für Fremde hinterlassen. Es war an die gerichtet, die hierherkommen würden.

Hinter Sobibór hatte der Bug Wiesen geschaffen, in einem biblischen, nach Osten ausgebuchteten Mäander. Ich ging dorthin, mehr um etwas zu suchen als um etwas zu finden. Die Federn einer Stockente, die Daunen eines Mäusebussards, einen Feuerstein, vielleicht aus der Jungsteinzeit, ein altes Mundharmonika-Hündchen von einer Kirmes vor zwanzig Jahren. Ja, und Gefäße natürlich, einen Überfluss an Gefäßen, wie sie in ganz Polen außerhalb des lokalen Siedlungsraums weggeworfen werden. In eine Niemandszone, wo alles erlaubt ist. Die meisten waren Plastikflaschen, etwas weniger Glasflaschen. Die Glasflaschen, die Steingutteller und zahlreiche Einmachgläser waren häufig angeschlagen, aber sie konnten immer noch etwas enthalten, sie konnten feste Materie oder sogar Flüssigkeit in sich unterbringen. Doch ihre bescheidene Funktionalität brauchte kein Mensch mehr. Sehr lange nach der Jungsteinzeit, in der ihr Defizit am stärksten zu spüren gewesen war.

Ich schaute mir den Müll sorgfältig an, diese abgenutzten Reste eines Ortes. Sie waren zu unwesentlich, um den alten Ort wiederherzustellen, doch schwerwiegend genug, um einen neuen hervorzurufen, das heißt

die Müllhalde. Der Putz eines Zimmers, ein Teller, Socken, Spielzeug. Diese Reste einer früheren Unterkunft,
die weit weg war, dieser Ort versuchte hier zu expandie-
ren, aber die Expansion gelang nicht, und selbst die ge-
nauesten Karten sagten nichts darüber. Es war, als hielte
dieser Ort einen für die Topographie der umliegenden
Wiesen wesentlichen Vorposten. Die Müllhalde.

Die Dunkelheit brach um halb fünf an. Der Laden an
der Asphaltstraße glänzte hell wie die Basilika in Chełm.
Drinnen der Förster beim Einkaufen, auf dem Weg in
Richtung der Siedlung Sobibór – Bahnstation. In Richtung meines Zimmers, wo am Fenster ein Marienkäfer
aus Asien überwinterte, *Harmonia axyridis*. Obwohl ich
jetzt, nach einem ganzen Tag, nicht mehr sicher war,
ob es nicht doch eine *Coccinella semptempunctata* sein
konnte, das heißt ein Siebenpunktkäfer.

WŁODAWA

Włodawa ohne Juden ergibt keinen Sinn. Eine Stadt dreier Kulturen, von denen eigentlich nur eine überlebt hat. Eine leere, stille Stadt. Ohne die Laute einer fremden Sprache, ohne lange Bärte und all das, was Włodawa bekannt gemacht hat. Es sah aus, als könnte seine Gegenwartsgeschichte nicht beginnen.

In der Synagoge ist heute ein Museum untergebracht. In der orthodoxen Kirche, die der Geburt der Heiligen Jungfrau Maria geweiht ist, beteten zehn, fünfzehn Leute nach der göttlichen Liturgie des Johannes Chrysostomos, es war der zweite Tag des orthodoxen Weihnachtsfestes. In der Kirche war es kalt, die Gläubigen gingen immer wieder hinaus, um sich draußen aufzuwärmen. Ich wartete auf das Ende, damit ich hineingehen konnte, um mir die Polychromie anzusehen, die Ikonostase und die Kopie des wunderbaren Bildes der Muttergottes von Turkowice. Aber es ist mir nicht im Gedächtnis geblieben. Ich kann mich nur an den Blick des Johannes Chrysostomos erinnern. Vielleicht weil die Augen der Muttergottes im Jahr 1915 gemalt worden sind und Chrysostomos im 18. Jahrhundert? Vielleicht war sie auch gerade abwesend.

In der orthodoxen Kirche stand im Osten die Ikonostase, dort hing das wunderbare Bild, dort prunkten die drei Apsiden. In der Synagoge war an der Ostwand der Aron ha-Kodesch, der Thoraschrein, untergebracht. Die katholische St.-Ludwigs-Kirche stand seitlich zum Osten. Als würde sie ihn nicht ganz ernst nehmen.

Durch die Kuppeln der orthodoxen Kirche und die Holzkaten erinnert Włodawa an manche Städte in Sibirien. Besonders dort, wo in alten Häusern Läden eingerichtet sind oder irgendwelche Dienstleistungsstellen; man wollte geradezu auf Russisch loslegen. Das sogenannte Karree hier – ein Komplex von Läden und Schlachtereien, errichtet auf dem Grundriss eines Quadrats – sah einem Gebäude in Jakutsk täuschend ähnlich, das in der zweiten Hälfte des 20. Jahrhunderts zerstört worden ist. Nur dass die sibirischen Städte keine Straße nach Osten haben, die an der nördlichen Grenze von Włodawa entlang Richtung Weißrussland führt. Ihr Damm reicht bis an den Bug heran, bis zu der Stelle, wo es früher eine Brücke gab. Diese war sicher Ziel vieler Flüchtlinge, die nach Osten flohen, als die Gefahr von Westen kam, und nach Westen, als sie von Osten kam. Sie fuhren und fragten: »Was wird mit uns passieren? Mama, Papa, was wird aus uns?« Na was schon? Was schon? Spitzahorn, Traubeneiche und Linde. Schlehdorn, Weißdorn und Erbsenstrauch. Und eine Weidenart, sehr schwer zu bestimmen, wie die Zukunft.

In der Nähe fließt die träge Włodawka in den Bug. Nichts wies darauf hin, dass dieses Flüsschen jahrhundertelang die Grenze zwischen dem Großfürstentum Litauen und der Krone (das heißt Polen) bildete. Als hätte das keine Bedeutung mehr. Auch zeugte nichts davon, dass der Bug viele Jahrzehnte lang die Grenze zwischen dem russischen Kaiserreich und dem Königreich Polen war. Vielleicht weil er für die Einheimischen nie ein größeres Hindernis darstellte? Terespol lag jahrhundertelang an beiden Ufern, und Märkte oder Rummel fanden in Włodawa auch auf der rechten Seite des Flusses statt. Eine Touristentafel informierte darüber, dass sich unweit von hier das Dreiländereck befindet – die Stelle, wo die Grenzen der Ukraine, Weißrusslands und Polens aufeinandertreffen. Auf der anderen Seite des Flusses veränderte sich die Farbe der Grenzpfosten. Gelb und Blau wurde durch Rot und Grün ersetzt. Offensichtlich konnte man alle Farben als Warnung gebrauchen.

Dann ging es durch die Wälder Richtung Bahnstation, denselben Weg, auf dem man die Juden von Włodawa nach Sobibór getrieben hatte. Von der Ortsmitte Włodawas bis zur Bahnstation waren es etwa zwölf Kilometer. Für Kinder ist das viel. Was haben die Kinder wohl gefragt? Mama, ist es noch weit? Wohin gehen wir? Ich habe Durst. *Mamele, es iz noch wajt? Wu mir gejn? Wel ich trinken.*

Und die Wächter, wie alle Wächter in diesem Teil der Welt, murmelten ihr deutsches *schneller* und ihr ukrainisches *schwidsche.*

HINAUS Die historische Ausstellung des Museums von Sobibór besucht man unter freiem Himmel. Das ist richtig, denn wie könnte man ein Gebäude einrichten, das eine derartige Erzählung unterbringt? Eine Reihe verglaster Schautafeln präsentiert, was geschehen ist. Sie präsentiert es geordnet, chronologisch – so ist das Böse besser zu fassen. Die chronologische Ordnung vermittelt den Eindruck, das Vergangene werde beherrscht, und zeigt eine Möglichkeit auf, mit den Zahlen umzugehen. Das Böse erscheint messbar, zählbar, also gebändigt. Man kann ja Anfang und Ende der Ausstellung sehen.

Ich stehe vor der Zahl 250 000. Ich habe einmal tausend Menschen an einem Ort gesehen, fünftausend Wildgänse, tausend Quadratmeter. Jetzt versuche ich mir 250 000 Menschen vorzustellen. Wie sie einer neben dem anderen stehen. Aber es stellt sich kein Bild ein. Das Lager existierte gerade mal ein Jahr. Wo waren sie alle untergebracht? Und plötzlich – eine Mickymaus, das Foto eines Ansteckers in Form einer Mickymaus. Man hat ihn während der archäologischen Arbeiten ge-

funden, die hier seit Jahren im Gang sind. Eine Kinder-
brosche. Micky hat die Hände in den Taschen und lacht.
Die Faschisten haben es nicht geschafft, Mickymaus zu
vernichten.

Das Hauptdenkmal ist ein oben flacher Hügel aus
Erde und sterblichen Überresten der umliegenden Gräber. Sie wurden in der unmittelbaren Umgebung gefunden. Nach der Flucht einiger Dutzend Inhaftierter
versuchten die Deutschen, die Spuren des Konzentra-
tionslagers zu verwischen. Die Kammern und den An-
bau mit dem Dieselmotor zerstörten Gefangene, die aus
Treblinka gebracht worden waren. Danach wurden sie
erschossen. Was ist von dem Lager übrig geblieben? Ver-
bogene Schienen, das grüne Haus des Kommandanten,
in dem heute Leute aus Sobibór wohnen. Und natürlich
die Kiefern, *Pinus sylvestris*. Wenn sie es nicht schafften,
die Leichen zu vergraben, verbrannten sie sie auf Rosten,
und die entstandene Kohle wurde von den umliegenden
Bäumen gebunden. Dadurch blühten und wuchsen sie.
Macht sie das zu etwas Besonderem? Oder ist es nicht
von Bedeutung?

RAUBWÜRGER

Aus all diesen Gründen beschloss ich, so schnell wie möglich nach Norden zu gehen, in den oberen Teil der Landkarte, nach Hanna. In Suszno stach die Freude ins Auge, mit Blech zu decken und Beton zu gießen. Thujen zu pflanzen, die in Habtachtstellung zwischen Quadratmetern von Pflastersteinen strammstehen. Das Blickfeld gestalteten vorbildliche Würfel, Quader, Pyramiden und Zylinder in verschiedenen Konstellationen. Dass der Blick nicht Reißaus nahm, verdankte er fünf Holzkaten und einem Haus aus rotem Backstein unter einer großen Linde.

Der November entblößte das Gestrüpp vor dem Dorf Szuminka; mitten im Dickicht steckte ein hübsches Körbchen, das Nest eines Pirols. Es war hauptsächlich aus Müll gemacht: aus Plastikfetzen, Schnüren, Fäden und Lappen. Denn in Zeiten, da sich die Häuser der Menschen ändern, ändern sich auch die Nester der Vögel. Die Konstruktionen sind die gleichen geblieben: Der Zaunkönig baut Kugeln aus Moos, der Eisvogel gräbt ein Loch im Ufer, und der Pirol flicht ein Körbchen. Doch das Material, mit dem sie bauen und mit dem sie das Nest polstern, ist anders. Vögel benutzen häufig Abfall.

Hinter Szuminka muss man auf die 816 abbiegen. Dort wird ihre Funktion als Grenze beziehungsweise Limes wieder deutlich. Der Osten ist mit der rechten Hand zum Greifen nah, der Westen mit der linken. Hier trennt die Straße auch Felder von Wiesen, als grenzte sie die landwirtschaftliche Kultur von der Hirtenkultur ab. Die Reichen von den Armen. Auf die Grenze zwischen gepflügtem Feld und trockenem Gras setzte sich immer wieder ein Nördlicher Raubwürger, *Lanius excubitor*. Der schlaue Vogel nutzt die Wohltaten an der Grenze zweier Milieus. So kommt er leichter zu Nahrung.

Als Wachturm wählt der *Lanius excubitor* einen Hochsitz. Es sind immer exponierte Orte, verschiedene Extreme der Landschaft, wie der Wipfel einer Weide oder einer Erle, die Spitze eines einsamen Pfostens. Auf verschiedenen maximalen Punkten, auf Spitzen, Gipfeln, Wipfeln findet man leicht einen Raubwürger. Reglos, wie tot, hält er Ausschau nach Feldmäusen. Ja, er kann sogar eine Maus töten, daher gilt er bei Wissenschaftlern als Raubvogel. Man muss ihn sehen, den Vogel von der Größe einer verkümmerten Elster, der unter großer Anstrengung eine zappelnde Maus in das ein paar Meter über der Erde gelegene Nest schleppt! Häufiger reißt er sie allerdings entzwei oder trennt zumindest den Kopf ab und spießt die Beute auf den Stachel eines Weißdorns oder den Dorn eines wilden Birnbaums. So sammelt er Vorräte; aber es sieht eher aus wie eine strenge Strafe für den Versuch, die Grenze zwischen Feld und Wiese zu überschreiten.

ANTIPODEN Die Ränder der Dörfer sind
oft das Interessanteste. Diese Enden als Anfänge, diese
Peripherien, diese Ecken, Winkel und Weiler. Ried,
Reuth, Horst. Eigentlich NICHTGANZORTE. Nicht
selten besteht das ganze Anwesen aus einem Holzhaus
und einer Scheune. Die Besitzer haben es nicht geschafft, reich genug zu werden, um ein gemauertes Haus
zu bauen. Es sieht so aus, als würden dort die Ärmsten
wohnen, die Letzten in einer langen Reihe. Diejenigen,
die nichts Besseres abgekriegt haben. Die nicht wahrge-
nommen, vielleicht sogar verachtet werden.

Die Holzhäuser erschienen mir seltsam vertraut. Irgendwo schon gesehen oder auch irgendwann imagi-
niert. Ich suchte nach einer Erklärung für diese reifende
Gewissheit. Zuerst im *Pan Tadeusz*, dann in den Büh-
nenbildern der Märchen aus dem Lodzer Studio Sema-
for. Als wären sie mir irgendwann schon begegnet. Sie
bestätigten meine Identität genauso wie mein Foto im
Personalausweis. Ebenso die ersten Häuser aus rotem
Backstein. Die neuen Bunker dagegen, aus Gasbeton,

Platte oder Hohlblocksteinen, wirkten fremd und unbekannt. Lange suchte ich nach Bildern und Welten, aus denen dieses Wissen stammen konnte. Natürlich vergeblich.

Bekannt kamen mir auch die Würfel aus der Gierek-Zeit vor, aus den letzten Jahrzehnten der Volksrepublik – unverputzte Hohlblocksteine oder weißer Backstein. Gebaut hatte sie die erste Generation der aus den Holzhäuschen Ausgezogenen. Werden sie eines Tages abgerissen werden und Seltenheitswert erlangen? Wird jemand sie beschreiben und klassifizieren? Sicher gibt es regionale Unterschiede in der Architektur der Gierek-Ära. Wir werden nach den Unterschieden suchen, die Häuser auf Landkarten verzeichnen und in Reiseführern beschreiben. Das letzte Haus, das mit zerstoßenem Glas verziert ist, das letzte mit einem Dach aus Eternit, das letzte mit einer Treppe aus Terrazzo. Mit einem großen, heiligen Bild, auf dem Jesus am Ufer anlegt.

»Wohnen hier noch Orthodoxe?«, fragte ich eine ältere Dame und verbeugte mich, wie es sich gehört. Sie war empört, entrüstet – das weiß sie nicht, sie ist nicht von hier, auch wenn sie aussieht, als käme sie gerade aus dem Hühnerstall. Schon gut, schon gut – wollte ich sie beruhigen. Keine Angst, es gibt keine Orthodoxen mehr, es gibt auch keine orthodoxe Kirche mehr, an ihrer Stelle steht eine katholische. Alles gehört jetzt uns, alles ist gut.

KRÄUTERDIEB In dem Dorf Stawki haben viele Teile der alten Aussicht überlebt. Die Augen erkannten sie sofort wieder, wie die Hände die durch die Jahre abgenutzten Griffe der Werkzeuge erkennen oder die Füße alte Schuhe. Das größte Stück der archaischen Landschaft war am nördlichen Dorfrand erhalten geblieben. Es war ein mehr als hundert Jahre alter Gutshof. Sein Hausherr erzählte lange und ausgiebig. Er lud mich ein, hereinzukommen, wo der Raum unverhofft schrumpfte wie ein Ballon, aus dem die Luft entweicht. Das Haus erfüllten alte Bilder, Nippes und seine Erzählung. Insekten zerfraßen die uralten Gebetbücher.

Eines von ihnen bewegte sich, als ich den Deckel einer Kiste hob und dann den Einband aufschlug, worauf das Licht seine Augen erreichte. Es steckte in einem tiefen Gang, den es in Litaneien, Weihnachtslieder und Gebete gefressen hatte. Es war wohl ein Gemeiner Nagekäfer, *Anobium punctatum*, oder ein Trotzkopf, *Anobium pertinax*. Die kleinen Korridore konnten auch von der Anwesenheit einer Staublaus, *Liposcelis terricolis*, zeugen, und andere Gänge, die sich dadurch unterschieden, dass sie nur durch das Papier gegraben worden waren, verrieten vielleicht die Gegenwart des Kräuterdiebes, *Ptinus fur*, aus der berühmten Familie der Diebskäfer. Die Käfer und Larven hatten auf unverschämte Weise die Versicherungen des Himmels und die Versprechungen des ewigen Lebens zerfressen. Und der Kräuterdieb, ein Insekt aus der Apokalypse, säte Leere in den Text der heiligen Schriften. Diese Gänge, diese Erosionen, diese Insektenkorridore in den ehrbaren Büchern sahen aus wie der Inhalt selbst. Was wird aus uns werden? Nun ja, *Liposcelis terricolis*, *Anobium punctatum*, *Anobium pertinax*. Und *Ptinus fur*.

Der Herr der Holzwürmer holte mich nach einer Viertelstunde mit dem Fahrrad ein und bot mir an, mir sein Rad zu leihen, ich könne es dann in Hanna abgeben, alle würden ihn dort kennen. Ich lehnte höflich ab, da ich lieber auf eigenen Beinen stehen wollte. Seine Gastfreundschaft würde kein Grenzfluss aufhalten können. Auch der Bug nicht.

Die letzten achtunddreißig Minuten Licht an diesem Tag. Ich schaute, als würde alles gleich zu Ende gehen. Wie kurz nach der Geburt oder der Wiedergewinnung der Sehkraft. Wie das erste Mal. Überflüssige Gedanken vertreibend und durch Pfützen watend. Ich sah mir die Welt an, so sehr, so achtsam, so stark wie möglich. Ich merkte mir die alten Pappeln, das Kreuz vor Pawluki und die Spur eines großen Wildschweins. Ich vergaß nicht die Bewegung eines Vogels in der linken unteren Ecke des Blickfelds, wenn ich auch die Art nicht bestimmen konnte. In der entgegengesetzten Ecke blinkte ein Vertreter aus der Ordnung der *Diptera*, der Zweiflügler, auf, obwohl das im Januar fast unmöglich war. Die letzten dreißig Minuten genügten, um nach Dołhobrody zu gelangen.

Aber vorher, auf den Wiesen, vom Dorf Pawluki her, kam ein Schrei: »Die ganze Zeit zu Fuß?! Am Bug lang?!« Da rief ein Männlein. Und ich wollte fragen – wie kommt das, dass die alten, oft ruthenischen Namen erhalten sind: Dołhobrody, Matcze, Hanna, Zbereże, Sobibór? Als die Unierten und die Orthodoxen abtransportiert worden waren, blieben die hiesigen Polen übrig, die die Namen benutzten. Wahrscheinlich wollten sie keine anderen Namen, wollten sie erhalten. Die Kirchen haben nicht überlebt, nur den Ortsnamen ist es gelungen. Aber das Männlein stand zu weit weg, als dass ich hätte hinüberschreien können. Und er machte weiter:

»Nach Terespol? Wie denn?!«

»Zu Fuß!«

»Zu Fuß?! Wie kommen Sie denn da hin?«

BROT In dem Dorf war Heiligabend schon lange vorbei, das Gedeck für den unverhofften Gast längst abgeräumt. Niemand wollte einen Mann übernachten lassen, der lange nach Anbruch der Dunkelheit eintraf und vom Bug her kam. Das ist verständlich. Aber warum ist es im benachbarten Weißrussland so leicht, eine Übernachtung zu finden, und in der Europäischen Union nicht? Welches Prinzip herrscht hier? Dass Atheisten lieber Fremde zur Übernachtung aufnehmen als Gläubige? Im Osten ist es einfacher, sich auszuschlafen, als im Westen.

In das Städtchen Hanna war es nicht weit. Zwei Straßen führten dorthin: einmal die asphaltierte 816, eine zweite über die Wiesen, an der Grenze entlang. Um diese Zeit darf man sich in der Nähe des Limes nicht aufhalten, und genau deshalb wollte ich es. Doch ich konnte die Straße hinter dem Dorf nicht finden. Es gab zwar eine, aber kurz hinter Dołhobrody teilte sie sich in zwei, drei Teile, führte auf Abwege und in Sümpfe. Ich war mir bewusst, dass ich da Lust auf eine Transzendenz verspürte und dass die Grenzschützer eher kein Verständnis dafür zeigen würden, da wäre ich um ein Haar einem Biber ins Haus gefallen. Ich war in der Dunkelheit in seinen Bau getreten, mein Fuß rutschte hinein. Schnell kam ich zur Besinnung, denn die Biber am Bug können einen Menschen totbeißen.

»Wo übernachtet man hier?«, ertönte es eine Stunde später im Zentrum von Hanna.

»Die Hausnummer kenne ich nicht, aber es ist folgendermaßen: ein Holzhaus, ein gemauertes, wieder ein Holzhaus, dann Awtiejuk, Paciejuk und dann rotes Pflaster.«

In ging in diese Richtung, und aus der Dunkelheit schallte es: »Hier! Hier!« Die Wirtin wartete schon, denn der Herr aus dem Gutshof hatte angerufen, dass vielleicht jemand käme. In dem warmen Innenraum lag eine für mich bestimmte Scheibe Brot, die erste an diesem Tag. Ich trank Tee mit einer mäßigen Menge Zucker und erinnerte mich an die Mickymaus aus Sobibór. Ich griff sogar in die Tasche, um zu schauen, ob ich sie nicht verloren hätte, aber ich hatte ja nur ein Foto gesehen. Ich war verwundert, aber ich fühlte mich geborgen und satt. Und irgendwie lebendig.

MEHLSCHWALBEN Die ersten paar Schritte an diesem Morgen brachten die Gewissheit, dass Hanna ein komplettes Städtchen war, geradezu autark. Der Kosmos eines Städtchens. Es gab alles: Polizei, Schule, Bank, Nationaler Gesundheitsfonds, eine Haltestelle und Autosan-Busse. Himmel und Erde. Nur die Bäckerei war in Sławatycze, aber meine Wirtin backte selber Brot. Ich ging in die Kirche. Es stellte sich heraus, dass sie früher orthodox oder uniert gewesen war. Über dem Eingang war ein Kreuz zu sehen, aus dickem Blech geschnitten. Den orthodoxen Balken, den unter den Füßen Jesu, an einer Schraube befestigt, konnte man drehen wie einen Zeiger. Jemand hatte ihn auf zwölf Uhr gestellt, so dass er vor dem Hintergrund des Kreuzes unsichtbar war. Eine zaghafte, aber schlaue Form der Latinisierung oder vielleicht sogar – o Graus! – der Polonisierung.

In dem kleinen Kuzawka standen etwa zwanzig Kreuze. Nach dem Krieg errichtet, ziemlich neu und solide. Wenn ein Gläubiger durch das Dorf ging, musste er sich alle paar Meter bekreuzigen. Dieser Missbrauch von Symbolen beunruhigte mich. In der Regel werden sie von zwei entgegengesetzten Seiten verwendet. Ein Symbol ist ein Signal. Symbole bergen Inhalte, also werden sie von den Gegnern vernichtet. Kuzawka sah aus wie ein Magazin von Symbolen, von Vorräten für die Zeit der Argumentation. Die Zeit des Krieges? Es ist verständlich, dass Kreuze an Wegkreuzungen oder an Straßen stehen, aber in Gärten findet man sie nicht so häufig. Keines von ihnen war zerbrochen. An einem Kreuz, schon in Sławatycze, prangte die Inschrift: VOR DEN FEINDEN DES KREUZES CHRISTI BEWAHRE UNS HERR. Da kommt man geradezu ins Schlottern, ob man nicht vielleicht selbst gemeint ist.

Sławatycze (in dem das Wort *sława*, Ruhm, steckt) erwies sich als seines Namens würdig, orientalisch, altrussisch. In der Stadt gibt es nicht wenige uralte Häuser, eine orthodoxe und eine katholische Kirche und den Anblick eines Weiden-Limes am Bug. Zwischen den niedrigen, aus verschiedenen Materialien errichteten und manchmal verlassenen Gebäuden wächst unverhofft der Sitz des Grenzschutzes aus dem Boden, eine moderne Konstruktion aus Stahl und Glas. Wie der Tempel einer dritten Konfession. Seine Modernität ist ein Beweis für die Autorität der Grenzer. Davon, dass das der Osten ist, zeugen die kyrillischen Buchstaben an der Metzgerei: колбасные и мясные изделия, Wurst- und Fleischwaren.

Dieses Denkmal zieht dich einfach an. Noch klingen im Kopf die »Wurstwaren«, und schon stehst du davor. Eine Pyramide aus Beton, an jeder der vier Seiten ein Relief. Auf einem schießen die Menschen, dann bauen sie, dann werden sie erschossen, und auf dem letzten schießen sie wieder oder ziehen in den Krieg. Es sah aus wie die Zusammenfassung der Geschichte von Sławatycze, aber die Inschrift klärte darüber auf, es sei den Helden der Jahre 1939–1945 gewidmet. Das heißt, denen des Jahres 1946 nicht mehr?

Die Gewichtigkeit des Monolithen erschien übertrieben, unecht. Es war nicht ganz klar, ob es hier um Helden oder um Verräter ging. Im Übrigen war das Material nicht imstande, irgendeine Idee zu verewigen, denn es zerfiel allmählich. Sollte es in die 1945er Jahre und die darin enthaltenen Tage zerfallen? Der Adler hatte keine Krone, aber es blieb ein Geheimnis, ob sie abgefallen war oder ob es nie eine gegeben hatte. Auf die Spitze des Denkmals hatte jemand einen Backstein gelegt, so dass die Hälfte herausstand, direkt über der Stelle, wo man Blumen hinlegt oder sich verneigt. Es sah aus wie eine Falle für diejenigen, die den Helden von 1939 bis 1945 die Ehre erweisen wollten. Eine Warnung: Kommt nicht näher.

Unweit des Marktplatzes standen einander die orthodoxe und die katholische Kirche gegenüber. Die beiden erhabenen Gotteshäuser schienen zu fragen: Wem ge bührt zuallererst Ehre und Ruhm? Wem Gloria in der Höhe? Die katholische Kirche trug den Namen der Muttergottes vom Rosenkranz und die orthodoxe – Mariä Schutz und Fürbitte. Beide waren also derselben Person gewidmet, der Mutter des Herrn Jesu, aber es trennten sie einige Meter und vieles andere. Die katholische Kirche stand im Westen, die orthodoxe im Osten. Ich weiß nicht, welche die Leute wählten. Die Mehlschwalben wählten die orthodoxe. Ihre Nester verklebten die Bilder der Heiligen an der Außenfassade. Die Schwalben nisteten in ihren Gesichtern.

STILLE Hinter Sławatycze ging man in dieser besonderen Art von Stille, wie sie einige Wochen nach dem Herbsttod der Insekten und Blätter einkehrt. In dieser besonderen Variante, die sich über die Landschaft legt, nachdem die charakteristischen lanzettförmigen Blätter der Weiden gefallen sind. Nachdem die Insekten aus der Ordnung der Zweiflügler, der Libellen, der Wanzen und auch der Käfer eingegangen sind, die die hiesigen Wiesen, Sümpfe und Bruchwälder bevölkern. Ich sprach sogar ihre lateinischen Namen aus, als wollte ich sie auferstehen lassen: *Coleoptera, Carabidae, Orthoptera*, aber nichts geschah. Man konnte die Stummheit betrachten wie ein Stück altes Brot, bis nach Mościce. In dem Dorf umhüllte die Stille auch eine der alten Katen. Dichter als der Schal aus Blättern und Heu, mit dem der vorsorgliche Wirt seine Behausung umgeben hatte. Die Kate war aus Holz und mit Reihen von altersschwachen Schindeln gedeckt, die noch vor dem letzten Krieg gelegt worden waren. Am Fenster schlief, wie der Archetyp es gebot, eine betagte Katze. Als ich mich näherte, um zu sehen, ob sie lebte oder sich schon zersetzte, sah ich hinter der Scheibe die Augen eines Mannes. Er saß am Tisch, als wartete er.

»Haben Sie keine Angst, dass Ihnen das Dach zusammenkracht?« Ich brach als Erster die Stille.

»Ach was, das sitz' ich aus.«

»Das sitzen Sie aus? Bis wann?«

»Was heißt da, bis wann?!«, sagte er empört. »Was heißt, bis wann?« Eine solche Ignoranz konnte er nicht begreifen. »Bis zum Schluss.«

LADEN Die Helligkeit, die aus dem Laden drang, machte Mut. Sein Schaufenster, frei von Reklame und farbigen Plakaten, die zum Kauf noch von billigerem, noch schmackhafterem Ramsch animierten, gefiel mir. Ich ging hinein, und es war, als würde ich jemandem in den Magen kriechen. Der Geruch nach Verdauungssäften und nach Plastik vom Gelben Fluss reizte die Schleimhäute. Die Hälfte des Rechtecks nahmen die Regale und die Theke ein, hinter ihr zwei Verkäufer. Gegenüber, zwischen Kartons und Sixpacks, ein Dutzend Männer mit Bier in der Hand. Langsam ebbten die Gespräche ab, und ich stand da, geblendet vom elektrischen Licht, das sich auf die Reste der Nacht in den Augen und hinter den Ohren stürzte. Die Gespräche waren verstummt, ich musste etwas kaufen. Es war kein Ort, an dem man »guten Abend« sagt, also fragte ich: »Haben Sie Lineale oder Winkelmesser?« Die brauchte ich für die Karte.

Sie erledigten das durch Schweigen, sie sagten einfach kein Wort. In einer Hand knirschte eine Dose, die Verkäuferin raschelte in einem Karton, ich schnäuzte mich.

Durch Schweigen gaben sie zu verstehen, dass dies kein öffentlicher Ort sei, dass ich mich hier in einem Revier befand, auf dem Territorium einer fremden Herde. Ein nicht gerade unterdrückter Rülpser klang wie eine Aufforderung, endlich zu gehen. Die einzige Frau im Laden, die Verkäuferin, redete mit mir, was die Situation nicht besser machte. Auf die Frage, ob es zum Kloster in Jabłeczna weit sei, erwiderten die Typen: »Von der Ukraine oder von Weißrussland?«

Draußen war es nicht so still. Zwischen den Resten des Dorfes bewegte sich jemand. Ich sprach ihn zuerst an, mutig, ein bisschen ins Leere, aber er antwortete. Das Dorf sei eigentlich komplett orthodox gewesen früher. Seine Eltern seien nach Olsztyn umgesiedelt worden, in den vierziger Jahren, aber nach Stalins Tod seien sie wiedergekommen. Sie mussten ihr eigenes Haus zurückkaufen, weil schon jemand darin wohnte, wahrscheinlich von jenseits des Bugs. Sein Vater sagte immer, das sei ein »Scheißgefühl«, für das eigene Haus zu zahlen, aber es war ihnen gelungen, und er selbst war schon hier, in der Heimat geboren.

DIE ANDERE SEITE

Der achte Tag außer Haus, auf den Wiesen vor dem Kloster in Jabłeczna. Seit gestern holte mich immer wieder mein eigener Geruch ein. Noch kein Gestank, aber eine strenge Duftnote von mit Schweiß gemischtem Schlamm, ein Mix aus Luft und ranzigem Fett auf dem Kopf. Ich wusch mich im Bug, und von dort mochte eine weitere Note kommen, ein wenig fischig, ein wenig moschusartig. Der Nebel aus der Landschaft verdichtete und fixierte den Geruch. Man hätte ihn sicher graphisch darstellen können, in Form eines Streifens, der sich hinter dem Gehenden herzieht. Was für eine seltsame Anwesenheit – durch den Geruch. Unsicherer als die von Fährten und Spuren herrührende. Man kann leicht verschwinden, wenn man nur durch den Geruch existiert. Es genügt, sich zu waschen.

Ja, die Füchse, Dachse und Marderhunde am Bug wussten mit Sicherheit schon von mir. In Sobibór wussten es auch die Wölfe und Elche. Wahrscheinlich gaben sie die Nachricht weiter, von Schnauze zu Schnauze, von Maul zu Maul. Es war eigenartig, mir darüber klar zu sein, dass ich ein Eindruck, ein Reiz, Gegenstand der Wahrnehmung wilder Tiere war. Ich konnte mich wie etwas zu essen fühlen. Die Füchse kamen wahrscheinlich näher, um zu sehen, wer da gegen Abend auf der umgestürzten Weide döste. Ich war für einen Moment in ihren Augen. Das kann man nicht fressen, dachten sie und entfernten sich in die Nacht.

Das Kloster klebte an der Grenze, als wollte es sich hier vor dem Westen verstecken. Es nahm den periphersten Rand des polnischen Ostens ein, der hier endete. Vom Fluss trennten es höchstens dreihundert Meter. In dieser Landschaft, fast direkt am Bug, steht die Kapelle des Heiligen Geistes, auf einem hohen Erdhügel. Wenn der Bug übers Ufer tritt, umgibt er sie mit Wasser, und die Kapelle sieht aus wie eine Sinnestäuschung. Ähnlich ist es, wenn man sie in strömendem Regen und im Dunkeln betrachtet, von dem Weg aus, der aus Sławatycze und Mościce kommt. Das Dorf Jabłeczna liegt zwei Kilometer weiter im Westen, das Kloster hat man abseits gebaut. Sein offizieller Name lautet: Stauropegiales Männerkloster des heiligen Onufry in Jabłeczna. Besser klingen würde: Stauropegiales Männerkloster des heiligen Onufry in den Wiesen und im Regen.

Zwischen Eichen und Weiden versteckt, bildete es mit Bäumen und Sträuchern ein vollkommenes Ökosystem. Nur der heilige Onufry über dem Tor, vor dem Hintergrund der ägyptischen Wüste dargestellt, sah etwas sur-

115

realistisch aus am Rande dieses Kaffs in Podlasie. Noch Mitte des 19. Jahrhunderts stand das Kloster auf der Ostseite des Bugs. Erst als der Fluss aufgrund eines Eingriffs von Menschenhand seinen Lauf änderte, fand es sich auf der Westseite wieder. Rein zufällig. Als wären zwei tektonische Platten – eine östliche und eine westliche – hier aufeinandergeprallt und hätten einen Teil des Ostens ein paar hundert Meter weiter Richtung Atlantik verschoben. Also war an der Stelle, wo ich einschlief, früher die andere Seite.

ANWESENHEIT Ich erwachte in einem Zimmerchen am Ende des Flurs. Im obersten Stockwerk, auf dem äußersten Sofa. Ganz entschieden am Rande dieses als Kloster bezeichneten Ortes, auf seiner letzten Umlaufbahn. Der bärtige Mönch hatte mir diese Unterkunft zugeteilt, als wollte er den Ankömmling vom Leben der Gemeinschaft fernhalten. Ich hatte sogar das schlechteste Bett genommen, obwohl es eine Auswahl gab. Diese Entortung kam mir entgegen. Sie erschien mir natürlich, und ich war dem Mönch dankbar, denn zum Beobachten braucht es eine gewisse Distanz. Ebenso wie es Zeit braucht, um etwas zu hören. Der Laut muss vergehen und das Objekt sich ein Stück entfernen. Um nicht ein Ganzes zu bilden mit dem, was man sehen will.

Doch durch die Isolation befand ich mich nicht so ganz dort, meine Anwesenheit war irgendwie misslungen, unerfüllt, unausgereift. Als könnte ich das Kloster immer noch nicht finden, als ginge ich noch durch die Wiesen, als stünde ich noch vor jenem Laden. Man hätte sogar sagen können, ich sei nicht wirklich, nicht richtig dort gewesen. Sie hatten ganz entschieden etwas mit meiner Anwesenheit gemacht, als hätten sie dafür ihre Tricks. Deshalb ging ich in das Stockwerk, wo die Brüder wohnten, und klopfte an einige Türen, unter dem Vorwand, etwas zu suchen. Ich log, um sie zu sehen. Als sie es klopfen hörten, unterbrachen sie die Gespräche und das Lachen mit einem lauten »Amen«, um zu verstehen zu geben, sie hätten gerade gebetet. Vielleicht war es ja wirklich so.

»Wo ist hier das Zentrum?«, dachte ich drei Stunden später, während ich das Städtchen Kodeń erforschte. Ich wollte zum Zentrum, ich wollte auf diesen Punkt steigen wie auf einen Baum, von dem aus man die Umgebung sieht. Die Mitte ist die geometrische Darstellung des »Jetzt«. Raum und Zeit treffen sich dort wie in dem Wort »irgendwo«, das auch für »irgendwann« stehen kann, wie im Wort »fern«, das auch »früher« oder »vor langer Zeit« bedeutet. Sie treffen sich ohne eine Verspätung von auch nur einer Tausendstelsekunde, was die Richtigkeit des kühnen Gedankens beweisen könnte, dass sie identisch sind. Ich schnüffelte also auf der Suche nach der Quelle der Gegenwart, des Präsens. Als könnte das Sein in der Mitte, im Jetzt, vor der Vergangenheit und vor der Zukunft schützen. Vor dem Perfekt und dem Futur. Ich suchte diese Mitte, als ich plötzlich über die Vertiefung im Blickfeld, die sich Straße nennt, aus Kodeń hinausgekullert war. Sie musste seit Jahrhunderten benutzt wor-

118

den sein und führte Richtung Bug, ausgetreten von Ochsen, Kühen, Pferden, Heeren, ausgefahren von Traktoren und landwirtschaftlichen Maschinen. Bedeckt mit Pflaster, Asphalt und Schlamm wie eine Wunde mit Schorf.

Ich ging, und Kodeń wurde allmählich kleiner und verschwand. Was geschah mit den Leuten in einer Stadt, die nicht zu sehen war? Kodeń war offensichtlich dabei, seine Grenzen, Anfang und Ende zu verlieren, diese Mitte, die ich nicht gefunden hatte. Das Schlimmste war, dass ich keinen Eingang in die Stadt mehr sehen konnte. Es war apokalyptisch – der Moment, da der Gehende die Stadt aus den Augen verliert. Wenn er sie nicht sieht, kann er sich auch nicht an sie erinnern. Und er gestaltet sie nicht mit durch seine Anwesenheit. Ein entschiedenes und unvermeidliches Ende ist eingetreten. Allein die Beschreibung kann dieses seltsame Gefühl lindern.

SÜNDE Fünf Kilometer vor Terespol, bei Anbruch der Dunkelheit, wurde ich für meine Maßlosigkeit im Gehen und Sein bestraft. Für meine lächerlichen Versuche, allgegenwärtig und allwissend zu sein. Die Kräfte verließen mich, die Bewegungen entgleisten. Die Müdigkeit war wie das Alter, sie schien nie mehr weichen zu wollen. Die Straße glitt schwungvoll dahin, prachtvoll. Es war schwer, ihre Bewegung zu imitieren, das Tempo zu halten, aber es gelang immer wieder.

FLUSS

OSTEN In Terespol ging die Woiwodschaftsstraße 816 unmerklich in die 698 über, aber dem Namen
passierte nichts: Die Leute sagten weiterhin Nadbużanka,
die Bugstraße. Dieser Name passte gut, saß wie angegos-
sen, ohne Falten und Knicke. Er hätte nur verrutschen
können, wenn der Fluss sich von der Straße getrennt
hätte, wenn er irgendwohin verschwunden, abgebogen
oder gar ausgetrocknet wäre. Doch vorläufig drohte dem
Namen nichts, es ging ihm gut; er traf den Kern des Phä-
nomens wie die Zunge den Gaumen bei der Aussprache
des Lautes »n«: Nadbużanka.

Es war wie eine kleine Erleuchtung: dass der Name
Terespol nach dem gleichen Prinzip entstanden ist
wie Konstantinopel, Akropolis und Mariampol. Terespol – das heißt die Stadt Theresas. Gemeint ist Teresa
Gosiewska, die Frau eines Kastellans von Wilna. Diese
Information, die ich vor Jahren in einem Reiseführer ge-
lesen hatte, ließ mich jetzt wieder staunen, wie bestän-
dig die Erinnerung war, wie bedeutend die Etymologie.
Und ich wunderte mich, dass das so wichtig für mich

war. Wie auch die folgenden Sätze: dass die Stadt unter der Regierung des litauischen Großschatzmeisters Georg Detlev von Flemming eine Blütezeit erlebte. Der Großschatzmeister stammte aus einem preußischen Adelsgeschlecht, er arbeitete viel und zeichnete sich durch rege gesellschaftliche Tätigkeit aus, auch war er Objekt von Scherzen der Schlachta und des Klerus seiner Umgebung. Sie glaubten nicht an seinen frischgebackenen Katholizismus.

Aus jener Zeit war hier nur eine orthodoxe Kirche aus dem 18. Jahrhundert erhalten geblieben. Sie hatte einst am westlichen Rand von Terespol gestanden, jetzt markierte sie die östliche Grenze der Stadt. Wieder also diese geographische Inversion, die die Frage nach dem Osten sinnlos und nutzlos erscheinen ließ. Und der alte Holzschuppen vor dem Bahnhof? Aus wessen Blütezeit stammte der?

Um von Terespol aus nach Norden, Richtung Janów Podlaski zu gelangen, musste man diesen Bahnhof durchqueren. Polen hatte hier eine Art Ausläufer nach Osten, einen geographischen Nervenfortsatz, der in die *Kresy*, die früheren polnischen Ostgebiete, und sogar bis nach Sibirien reichte. Der angestachelte Geist spuckte bekannte Namen aus: Ural, Irtysch, Ob, Jenissei, Baikal und Birobidschan. Ihre Designate kannte ich wie mein Heimatdorf. Und kurz darauf sollten diese Namen mit dem nahe gelegenen Łobaczew, Samowicze und Kukuryki

124

zusammenprallen, die mir unbekannt und fremd waren. Ich konnte nicht einfach gleichgültig den Bahnhof passieren. Ohne die Ankommenden und die Abreisenden zu beachten. Vor allem die Abreisenden zogen meine Aufmerksamkeit auf sich, Menschen, denen die Prüfung im Fach Grenze bevorstand. Über allem schwebte der Geruch von billiger Seife, der Geruch der Reise, eine der Duftnoten der Transsibirischen Eisenbahn.

Ist irgendwo in Polen der Weg nach Osten besser ausgedrückt als der eiserne Weg von Warschau nach Moskau, der übrigens vom Zaren gebaut wurde? Man kann sogar bis zum Pazifik fahren, obwohl es schwerfällt, auch nur an den Schriftzug »Moskau« zu glauben. An Łobaczew zu glauben war irgendwie einfacher. An Samowicze und Kukuryki. Dorthin wollte ich, ich ging zuerst durch die Unterführung unter den Gleisen und schlug dann Haken zwischen den Neubauten, die überall gleich aussahen. Die Straße nach Norden war die Straße nach Łobaczew. Asphalt, Schotter, Sand. Der Weg nach Łobaczew, nicht nach Moskau.

Diesen Teil des Gebiets um den Bug bewohnen außergewöhnlich gläubige Menschen. Davon zeugen zahlreiche Kreuze und Inschriften: »Gott, segne uns«, »Nur unter diesem Kreuz, nur unter diesem Zeichen kann Polen Polen sein und der Pole Pole«, »Jesus, wir vertrauen auf Dich – die Landwirte«, »Gott, segne Polen, unsere Heimat«. O ja, Polen brauchte den Segen dringend, es sah aus wie von der Plage des Mülls heimgesucht. Ganz so, als hätte ihn jemand aus dem Osten angekarrt und das Bollwerk des Christentums, das heißt der Demokratie, damit beschmutzt. Man musste in diesem Müll wühlen, um festzustellen, dass es polnischer Müll war. Christlich und demokratisch.

Und die Kreuze sprachen: »Gott, segne unsere Arbeit«, »Vor Seuchen und Krieg bewahre uns, Herr«, »Süßer Jesus, sei nicht mein Richter, aber (unleserlich)«. Und zum Schluss ein einziges orthodoxes Kreuz. In der Ecke eines alten Anwesens, in einem Fliederstrauch, als sei es aus ihm gewachsen. Mit einer undeutlich gewordenen, aber noch sichtbaren Inschrift. Aus der Epoche der Menschen, die in Holz wohnten, mit Holz bauten, sich an Holz wärmten und auf Holz schrieben.

MIST Aus der Tiefe des Blickfeldes kam der bekannte Geruch von faulenden Kartoffeln und frischem Mist. Es war eher Schweinemist, vertraut von den als Kind verrichteten Arbeiten und sehr verschieden von Kuh- oder Pferdemist. Bauern und Viehzüchter haben ein besonderes Bewusstsein von der Unvermeidlichkeit des Faulens. Das Sauer-Einlegen, Einmieten, Salzen und Lagern im Keller sind Maßnahmen, die das Faulen aufhalten. Jemand, der sich das ganze Leben damit beschäftigt, muss davon überzeugt sein, dass alles ringsum der Zersetzung unterliegt. Alles, was dem Wasser, der Sonne und der Luft ausgesetzt ist. Das würde den lockeren Umgang der Bauern mit Müll erklären. Vielleicht glaubten sie, dass Verpackungen und Flaschen verfaulen, verschwinden würden wie alte Kartoffeln oder Mist auf dem Feld. Dass es etwas länger dauern würde, hatte keine Bedeutung.

FLUSS Neple lag hinter dem Wald, gleichsam versteckt vor dem aus Süden Kommenden. Ein bisschen wie in der Legende. Die Häuser lagen auch hier um die alte Kirche herum, aber irgendwie ungleichmäßig. Neple machte den Eindruck eines sehr alten Dorfes; damit meine ich nicht einmal die außergewöhnlich schöne Kirche und die Holzhäuser, sondern eher die Art und Weise, wie die Gebäude ihren Platz einnahmen – konzentrisch um das Gotteshaus herum. Und sicher auch die Abwesenheit der Menschen. Kurz hinter dem Dorf mündete der Fluss Krzna in den Bug. Immer wieder kamen von dort Scharen von Pfeifenten, Thorshühnchen und Spießenten geflogen, ein Seeadler mit brettartigen Flügeln zeigte sich. Nach Osten flog der erste Zug geschwätziger Gänse in diesem Jahr.

Die Kirche aus dem Jahr 1769 hatte man mit einer Mauer aus weißem Backstein umgeben, der an die Volksrepublik erinnerte, aber niemanden störte das. Schließlich war auch die Kirche weiß. Aus dem betagten Glockenturm ragten sehr alte Flaggenstöcke und Stangen von Heiligenbildern heraus. Ich ertappte mich dabei, dass ich überlegte, wie ich nach oben gelangen könnte, um die Stangen unter das Dach zu bringen, damit sie nicht nass wurden, nicht faulten und verblassten, aber gleich darauf schämte ich mich für diesen kindlichen Gedanken. In der Kirche war es leer und ruhig, als sei Gott gerade mal weg. Unweit von hier wurde Julian Ursyn Niemcewicz geboren, und in einem Gutshof in der Nähe flirtete seine Tante mit Zar Alexander I. Ich ging dorthin, während ich den Pfeifenten lauschte, nach dem Seeadler und dem nächsten Zug Gänse Ausschau hielt.

Der Gutshof war nicht erhalten, der Biwak genannte Pavillon zerbröselte. Und ich saß in dem Nebengebäude von 1786 und überlegte, warum es wichtig sei, dass etwas aus jener Zeit stammte. Dass die Jahrhunderte vergangen sind, das Gebäude aber geblieben ist. Ich machte mir Gedanken über Oxidierung, Auflösung, Ausbleichen, Zerstörung. Über die Zusammensetzung der ersten Baumaterialien, die Werkzeuge und die Sprachen der Menschen, die hier arbeiteten. Und natürlich über das Polentum. Das irgendwie zu schwach war, um allein zu herrschen, um anderen ihr Nationgefühl auszutreiben. Was zeugt am stärksten von diesem Polentum: der großzügig angelegte Sitz eines Gutsherrn aus den östlichen Grenzgebieten oder die Ohnmacht eines Denkmalrestaurators? Oder vielleicht der Vandalismus und die Gleichgültigkeit der Zeitgenossen? Die Reste der einstigen Herrlichkeit lassen den Passanten in Neple nicht kalt.

Das alte Nebengebäude des Gutshofs. Sein fortgeschrittenes Alter, seine Beständigkeit, der ausgezeichnete Ort, an dem es stand. Das Gebäude könnte für jemandem das Zentrum seiner Erinnerung, ja, seiner Identität bilden. Es hat ein neues Dach verdient, neue Fenster und Türen. Neue Bewohner. Doch es verkommt, und man kann nichts dagegen tun. Schließlich vertrieben mich Kälte und Dunkelheit von dort.

Ein Junge, der ein WSK-Motorrad schob, riet mir, erst in Bohukały zu übernachten. Ich solle unbedingt nach Bohukały. Übernachten könne man dort im Zwischengeschoss hinter dem Laden. Der Besitzer des kleinen Hotels trug den Namen eines der Märtyrer von Podlasie, das war leicht zu merken. Der Motorradfahrer, mit Pferdeschwanz und üppigem Haarwuchs an den Schläfen, erinnerte mich an Bischof Adam Naruszewicz. Bohukały erwies sich als guter Ort zum Schlafen. Ich fand dort eine waagerechte, genügend lange Linie, ausgepolstert mit etwas Weichem.

Der Wirt erzählte vom Ausblick auf die Kehre des Bugs hinter dem Dorf Bubel, zwei Tagesmärsche von hier. Dass ich in der Gegend von Gnojno und Niemirów unbedingt auf einen Baum klettern und schauen müsse, wie der Bug nach Westen biegt, wie er abbricht. Schön sei das, sagte er, man könne von weitem alles sehen, schön wie in der Kirche, schön wie auf einem Bild. Das Adverb »schön« aus dem Mund des Ladenbesitzers klang einladend. Auch die Grenzer hatten das erwähnt, die Frau vom Laden in Terespol, der Motorradfahrer. Als stellte die Distanz ein universelles Prinzip der Ästhetik dar, als ginge es im Leben überhaupt um räumliche Entfernung. Man muss etwas nur aus entsprechender Entfernung betrachten, dann erscheint es vollkommen. So ist es mit allem, dachte ich, was vorbei, was weit weg ist, mit den Erinnerungen, mit dem Dorf Husynne, mit Uchańka und Matcze.

KARTE Irgendwo hatte ich ihn schon gesehen, aus der Ferne – den Bug. Ich hatte das Gleiche gesehen wie der Wirt, der Grenzer, die Frau vom Laden. Einen Fluss, von fern, der nach Westen biegt. Langsam floss er, als sei er müde, könne aber nicht vergehen. Er war so alt, dass die Leute vergessen hatten, woher sein Name kam. Und kurz vor dem Einschlafen erinnerte ich mich, dass ich ihn auf der Karte gesehen hatte. Auf der Karte mit dem Ortsnamen JANÓW PODLASKI, im Maßstab 1 : 100 000, das heißt: ein Zentimeter auf dem Papier für einen Kilometer im Gelände.

BLICKE Die erste vollständige Phrase dieses Tages war das unbekümmerte Tirili der Feldlerche *Alauda arvensis*. Sie flog über das Dorf Krzyczew in Richtung Weißrussland. Das Tirili klang wie das elfte Gebot, etwas wie: »Du sollst dich nicht vergeblich sorgen«, so habe ich es in Erinnerung. Es hat sich im Kopf festgesetzt wie ein Koan, ein gutes Credo für den ganzen Tag. Oder auch für länger, wenn man Glück hat. Man konnte schon Goldammern, Kohlmeisen, Blaumeisen, Waldbaumläufer und einen Grünspecht hören. Amsel, Rotkehlchen und Zaunkönig wollten nicht nachstehen. Krzyczew liegt auf einer länglichen Böschung, wie auf einer Rampe, hoch über den Wiesen. Die Wiesen und den Waldrand bewohnten die Vögel, *Aves*, eine Reihe von Häusern und ein Stück der Felder – die Menschen, *Homo sapiens*.

Hinter dem Dorf suchte ein Goldammerweibchen einen Nistplatz. Es baut sein Nest auf der Erde, zwischen trockenen Blättern und Halmen, in der Nachbarschaft von Bäumen. Das Weibchen baut es allein. Aus Strohhalmen, Widertonmoos, Rotstängelmoos, aus fadendünnen Würzelchen. Wenn in der Nähe Etagenmoos wächst, nützt es dieses gern. Ins Innere kommen Rosshaar und Kräuter. Die Goldammern wählen ihren Platz zum Leben äußerst sorgfältig, ganz wie manche Emporkömmlinge. In der Regel sind es sonnige Ränder, helle Wälder, abgelegene kleine Lichtungen. Die Lage immer nach Süden.

Im Dorf Łęgi drängte sich die Stille in die Ohren. Jene Art Stille, die aus der Abwesenheit von Zuchttieren und Menschen resultiert. Man hörte das Fehlen von Pferden, Kühen, Schweinen und Hühnern. Der Tag kam von der weißrussischen Grenze her und die Lautlosigkeit von dem zerfallenden Anwesen in der Mitte des Dorfes. Von dem Haus ohne Fenster, dessen Skelett jeden Augenblick einstürzen konnte. An der Wand existierte mit letzter Kraft ein Kalender mit Märtyrern aus Podlasie, aus dem Jahr 1996. Das heißt, 1996 hat hier noch jemand in die Zukunft geschaut und die Zeit gemessen. Vor neunzehn Jahren war noch alles in Ordnung, und man hängte Kalender auf.

Hinter Łęgi lief die alte Straße entlang, aber wie. Eigentlich, der Karte nach, versuchte sie zu laufen. Aber sie humpelte und kämpfte. Unterspült vom Altwasser des Bugs und von feuchten Wiesen. Von dem Grenzfluss durchtrennt wie mit einer Sense. Auf der Karte war sie noch halbwegs Straße, aber hinter Łęgi schon eher Biotop, natürlicher Lebensraum verschiedener Tiere und

Pflanzen. Mit Sicherheit keine Schöpfung des Menschen. Die alte Straße von Janów Podlaski ins weißrussische Żabinka. Wenn man hinter dem Dorf Łęgi auf ihrem modernen, das heißt asphaltierten Teil angekommen ist, kann man deutlich die Achse der alten Route spüren. Ohne auf die Karte zu schauen oder die Leute zu fragen.

Ich entdeckte ihn fünf Kilometer weiter, am Rande eines Erlenbruchs am Ufer des Bugs, vor dem Dorf Pratulin. Er saß wie auf der Mauer eines Bollwerks und machte sich nichts aus diesem ungewöhnlichen Ort. Man konnte die gedrungene Gestalt erkennen, die mit dem halslosen Kopf eine ideale Komposition bildete, und sogar die charakteristischen »Ohren«. Und die Augen, groß wie die Gläser eines Feldstechers. Die größte Eule der Welt: der Uhu. Ein Vogel, der fähig ist, eine Gans, einen Reiher, sogar einen Marder oder einen kleinen Hund zu fangen. Ich schaute über eine Viertelstunde hin, Farben und Gegenstände machen sich ja gern über die Augen lustig, aber es war ein Uhu. Erst als ich näher hinging und nach einer weiteren Viertelstunde der Beobachtung die Sonne herauskam, begriff ich, dass mein Gehirn sich aus ideal zusammenpassenden Landschaftselementen den Anblick dieses Vogels zurechtgelegt hatte. Der Uhu war aus Teilen eines alten Erlenstamms entstanden, aus Resten trockener Blätter, Zweige und Triebe. Gräser aus dem benachbarten Nest eines Eichhörnchens verliehen ihm die nötige Flaumigkeit. Dies alles rief in meinem Geist ein so vertrautes Bild hervor, dass es für mich real wurde.

»Was haben Sie dort gesehen?«, fragten die Einwohner von Pratulin. Ich erzählte ihnen von der größten Eule der Welt, auf die man im Dickicht des Bugufers hoffen konnte, aber sie glaubten mir nicht. Sie wohnten schließlich seit vielen Jahren hier und wussten es besser. Jemand fragte: »Und der Uhu – hat er weißrussische oder unsere Zigaretten geraucht?« Da erschien ein Feldwebel Łopatacz, Ładowacz oder so ähnlich. Er fuchtelte mit seinem Ausweis herum und fragte mich streng aus. Er wollte nicht begreifen, dass hier ein Wanderweg herführte, die rote Route. Dass man auch im Februar durch die Wiesen gehen konnte. »Wenn man wandert, dann in den Bergen«, belehrte er mich. Dem Grenzer kam nicht in den Sinn, dass wir in Pratulin waren. Der Heimat der Märtyrer von Podlasie. An einem Ort, zu dem im Laufe eines Jahres Tausende Menschen pilgern.

Ich hatte seit Horodło schon mehrere heftige Blicke zu ertragen gehabt. Blicke über gehacktes Holz, über ein geschlachtetes Schwein hinweg, Blicke hinter dem Vorhang hervor oder aus der Scheune heraus. Blicke aus der Höhe eines dreißiger Ursus-Traktors, von der Seite, von hinten. Blicke von Rauchern, Blicke Betrunkener und misstrauischer Nüchterner. Ein Fremder, der zu Fuß geht, kann nur Unglück bringen. Bestimmt will er etwas stehlen. Warum ist er nicht bei der Arbeit? Kann man einem Menschen trauen, der sich nicht einmal einen alten Passat leisten kann? Sicher ist er ein Spion, ein Schnüffler, er hat Landkarten, ein Fernglas, einen Fotoapparat. Wenn ich von Vögeln spreche, bekommen manche einen Lachanfall. Ich bin zweihundert Kilometer an einem Bollwerk entlanggegangen, auf seiner christlichen Seite, und kein einziges Mal hat jemand »guten Tag« gesagt. Außer einem Jungen vor der Synagoge in Włodawa. Das war das einzige »guten Tag« seit Horodło.

Die Dämmerung kam von den ausgedehnten Weiden, die sich vor einem Gestüt in der Nähe von Janów Podlaski erstrecken. Dort hatte sie viel Platz. Sie konnte ungestört weiden, sie wuchs und wurde allgegenwärtig. Schließlich hatte sie die Dimension der Nacht erreicht. Bis zu der Kneipe blieben noch acht Kilometer.

JANÓW Mehr als der Ortsname »Janów«, der vom Vornamen eines Bischofs stammte, frappierte mich der alte Name »Parchów«, der von *parch* (Krätze) kommen konnte. Der Bischof hieß Jan, die Krätze wurde von der Geschichte vergessen. Obwohl Janów der Sitz der Bischöfe von Luzk war, gibt es kein Museum hier. Dafür gibt es eine kitschige, zum Verkauf stehende Villa, ein prätentiöses Haus, und ein zweites, das an das Domizil von Gargamel aus dem Märchen von den Schlümpfen erinnert. Ersteres schreckt einen Ankömmling eher ab, aber das Zweite könnte zu einer Touristenattraktion werden. Es steht in der Nähe des Marktplatzes, an der Kreuzung der Piłsudski-Straße und der Dolna. In der Saison könnte man dort einen Flüsterer anstellen oder eine Hexe als Zugehfrau, dann wäre Janów nicht nur für sein Gestüt im nahe gelegenen Wygoda oder für seine Reliquien des heiligen Viktor bekannt.

Es ist schwer zu glauben, dass vor Jahrhunderten hier fünftausend Menschen wohnten, die zwei Kirchen brauchten. Beide stehen bis heute an gegenüberliegenden

Enden des Marktplatzes. Die Kirche Johannes des Täufers sieht geschlossen aus, offensichtlich reichen Janów nicht die Einwohner aus, um sie zu füllen. Die zweite, die Dreifaltigkeitskirche, ist offen. Das Gotteshaus wird wegen der Reliquie des heiligen Viktor jedes Jahr von Pilgern besucht, aber es lohnt sich auch wegen des Fußbodens. Auf Anweisung des letzten Bischofs von Luzk, Adam Naruszewicz, wurde der Boden mit Eichenklötzen ausgelegt. Wenn man für dieses außergewöhnliche Parkett dreihundert Jahre alte Bäume gefällt hat, dann können einzelne Bohlen bis zu fünfhundert Jahre auf dem Buckel haben. Im östlichen Schiff sitzt Adam Naruszewicz, der auch als Dichter und Historiker wirkte. Er war nicht ganz so, wie der Urheber des Denkmals ihn gerne gesehen hätte.

Vor seinem Tod wurde er wehmütig. Er missachtete sein Äußeres und die Vergnügungen, pflegte das Lesen, kümmerte sich um seinen Geist. In einer einsamen Grotte hinter dem Bischofsschloss meditierte er. Angeblich ließ er sich gehen, bis zur völligen »Vernachlässigung«. Seine Gemächer waren voll von verstreuten Büchern, Schriften und Briefen, es herrschte eine studentische Unordnung. Er soll sich auch nicht oft gekämmt haben. Bischof Naruszewicz eignet sich hervorragend als Meister oder Lehrer, aber es gibt in Polen nur ein Denkmal von ihm. Und nur eine Schule, die seinen Namen trägt. Von denjenigen, die sich gekämmt, ordentlich angezogen und ihr Bett gemacht haben, gibt es wesentlich mehr Denkmäler.

Im Park war der Wiederaufbau des Schlosses im Gang, ein weiteres Schloss, das abgebrannt und geplündert worden war, wie in Neple oder Kodeń. Ein freundlicher Ingenieur erlaubte mir, über die Baustelle zu gehen, um zu der Naruszewicz-Grotte zu gelangen. Sie erwies sich als steinernes Iglu mit drei runden, fest verschlossenen Fenstern. Der Ort, an dem der Bischof nach den Teilungen Polens betete, nachdachte und verzweifelte. Als ich die alten Steine abtastete, kamen mir etwas zu große Gedanken in den Sinn. Vielleicht war er besorgt darüber, dass nach dem Ende seiner Republik etwas Schlimmes passieren würde? Dass die unbedachten und gierigen Nachbarn die Geschichte dieses Teils der Welt zerstören würden.

STRASSE 698 Pawłów Stary. Eine große
Tafel neben der katholischen Kirche berichtete von der
Verwirklichung eines EU-Projektes. Sein Ziel sei die
Entwicklung der Identität der Dorfgemeinschaft durch
die Bewahrung des kulturellen Erbes. Doch die katholische Kirche war früher eine orthodoxe, was das Gebäude
selbst verriet, und auch die Bewohner hier waren früher
orthodox, wovon der Friedhof zeugte. Um welche Identität ging es also bei einem Projekt, das eine orthodoxe
Kirche in eine katholische verwandelte? Um die orthodoxe oder die katholische? Um eine unierte oder eine
neo-unierte?

»Wahrscheinlich um alle miteinander«, erklärte der
verschlafene Hausherr. Er verriet, dass in der orthodoxen Kirche auch katholische Gottesdienste stattfänden
und dass im Dorf sowohl Orthodoxe als auch Katholiken
wohnten. Denn das Dorf sei früher orthodox gewesen
und jetzt »sozusagen eher katholisch«.

In Buczyce Stare stand ein Mann an der Straße und
schaute in meine Richtung. Ich sah ihn vom Hügel

aus, als ich in das Dorf hineinging. Aus der Nähe bemerkte ich, dass er schon von verschiedenen Vergänglichkeitsprozessen angegriffen war: Blutgefäße geplatzt, Grünspan angesetzt, Karies, Haarausfall. Als stünde er schon ein paar Jahre hier. Als ich an ihm vorbeiging, gab er keinen Mucks von sich. Er schaute mich nicht an, sondern hatte den Blick auf einen geheimnisvollen Punkt auf der südlichen Halbkugel gerichtet. Betrunken schien er nicht zu sein. Ich sah ihn noch lange von der Erhebung aus, die man im nördlichen Teil des Dorfes erklimmen musste. Er stand da und blickte nach Süden. Ich wartete ein paar Minuten, aber er verharrte starr, wie eine Negation der Bewegung oder ein Widerspruch zu dieser Straße. Er kämpfte mit ihr, denke ich.

Hinter dem Dorf Bubel biegt der Bug nach Westen ab, und die Grenze verläuft stramm nach Norden, in die Puszcza Białowieska, den Urwald von Białowieża. Nichts warnt den Schauenden davor, dass der Fluss Bug hier einen Teil seines Sinns verliert. Dass eine seiner Bedeutungen hier zurückbleibt und er mit den Fischen munter zum Zegrze-Stausee eilt. Wenn man den Blick hier also auf die andere Seite des Flusses richtet, blickt man jetzt nach Polen. In die Europäische Union. Die Aussicht dagegen bleibt sich gleich. Nun ja, vielleicht haben die Erlen die Weiden abgelöst. *Alnus* statt *Salix*. Dazu muss man sagen, dass die Samen der Erlen besser schwimmen und die der Weiden weiter fliegen können.

Das Land nördlich des Bugs gehörte während der Teilungen zu Russland. Die Kirchenunion von Brest wurde dort früher außer Kraft gesetzt als im Königreich Polen, schon 1825. Deshalb hat die Orthodoxie in der Gegend von Białystok bis heute überlebt. Jenseits des Flusses gab es auch keine »Aktion Weichsel«, das heißt, keine Zwangsumsiedlung der ukrainischen Ethnien. Daher lag dort in gewissem Sinn jetzt wieder der Osten, auch kulturell. Man wollte ihn erleben, diesen Osten, in den Urwald von Białowieża und den von Knyszyn gehen, die zusammen mit dem Urwald von Augustów bis ins 18. Jahrhundert die von Ruthenen bewohnten Gebiete von der masowischen Bevölkerung trennten. Und unterwegs erforschen, warum in einer Bar in Orla die Einheimischen einmal in voller Lautstärke die russische Rockband *Ljube* hörten und ausschalteten, als ich hereinkam.

Die nächste Brücke war erst in Kózki, zwanzig Kilometer weiter westlich. Eine Eisenbahnbrücke, über die man nicht gehen darf. Der Fluss schluckte große Eisschollen. Verkehrszeichen informierten über die Möglichkeit, mit der Fähre überzusetzen, aber in dieser Jahreszeit war die Fähre eine falsche Fährte. Der Inhalt dieses Ortes entsprach der Bezeichnung nur von Mai bis September. Nirgends die Spur eines Bootes oder eines Fährmanns. Ein verlassener Flussübergang ist wie ein Wartesaal. So viele Symbole ragen aus dem Blickfeld und liegen einem vor den Füßen.

LIED Ich fragte nach einer Übernachtung. Die Frau sprach eigentlich nicht, sondern sie summte. Als würde sie vor sich hin singen und gleich tanzen wollen. In diesem Lied passierte etwas mit den Vokalen; die Konsonanten waren in Ordnung, aber die Vokale hatten keine Grenzen, sich zogen sich, zitterten nach und klangen wie ein Echo. Ich bemühte mich, auf den Inhalt zu achten, aber ich hörte nur die Melodie. Im Dunkel zeichneten sich zwei große Brüste ab, sie roch nach Kühen und anderen Arbeiten auf dem Hof. Sicher wäre sie sehr erschrocken, wenn ich ihr das alles gesagt hätte. Ich ging weiter, ohne ihre Hinweise zu verstehen. Betäubt vom Geruch nach Mist und Milch.

Die Rezeptionistin in dem kleinen Hotel schüchterte mich mit Parfümduft ein. Sie behauptete, es habe hier nie Orthodoxe gegeben, in Serpelice gebe es nicht einmal eine orthodoxe Kirche. Nur eine kleine katholische. Eine orthodoxe Kirche stehe erst in Mielnik, jenseits des Flusses. Dort wohnten Orthodoxe, sagte sie. Ihr Großvater sei aus Mielnik gewesen und orthodox. Der könnte erzählen. Ja, der habe viel gewusst. »Aber am besten fahren Sie nach Siemiatycze, auch jenseits des Bugs. Dort erst!« Was – dort erst? »Da gibt's Orthodoxe jede Menge!«

WESTEN Die ersten Laute des Tages gelangten treffsicher ins Ohr, wie Pfeile. Geradezu schmerzhaft. Es waren Meisen, Kleiber und Waldbaumläufer. Über die Wiesen in der Gegend von Zabuże zu gehen war besonders. Vielleicht weil ich vom Teufelwurz und vom Engelwurz wusste, die sich in diesen Weiden verbargen. Beide Pflanzen wuchsen auch in Sibirien, das heißt, es gab ein gemeinsames Gebiet des Auftretens, eine Biogeographie, die das Dorf Zabuże und Sibirien umfasste. Noch eine Grenze, diesmal durch die Reichweite einer Pflanze bedingt.

Der Skabiosen-Scheckenfalter, ein kleiner Schmetterling aus der Familie der Edelfalter, lebt nur dank der Blätter des Teufelwurzes. Seine Raupen wollen nichts anderes fressen. Und da der Teufelwurz feuchte Wiesen braucht, die es kaum mehr gibt, stirbt er aus, und mit ihm der Schmetterling. Teufelwurz und Scheckenfalter sind in der polnischen Sprache verborgen wie in der Wiese. Noch eine Grenze, diesmal die des Auftretens eines Schmetterlings, die aus der Beziehung des Insektes zu einer Pflanze resultiert.

Die Route entlang des Grenzflusses, deutlich auf der Karte dargestellt, endete gestern mit der Überquerung in der Höhe von Niemirów. Der Bug wollte, dass ich nicht nach Norden, sondern nach Westen gehe. Und es war zu sehen, wie auf der Karte, dass dort eine andere Geschichte begann. Andere Namen und damit andere Grenzen. Ich hörte einfach auf, Notizen zu machen.

REKAPITULATION

EIN GANZES Das Trampen von Łochów nach Terespol erinnerte an einen Streifzug durch verschiedene Bereiche der Wirklichkeit. Jedes Auto eine neue Realität. Die Welt des Citroën ist anders als die des Renault, wieder anders der Mikrokosmos des Volkswagens. Und der Kasten eines alten Lieferwagens, der nach Weißrussland jagte, war der reinste Orient. Er war erfüllt von russischer Musik, vom Geruch nach Wurst und Bier. Nur Maksim war imstande, die europäischen Vorschriften zu brechen und auf der belebten Umgehungsstraße mit ihren Fernlastern, ihrer Kakophonie und der durchgehenden weißen Linie anzuhalten. Gemeinsames Brechen der Regeln verbindet wie gemeinsames Essen und Schlafen. Die Erinnerung an diese Route würde zu einer polyphonen Schizophrenie werden. Zu einer Quelle der Ungewissheit, ob sich das tatsächlich zugetragen hatte, und wenn ja, wann, wo – in Polen oder vielleicht bei den Russen. Bei dieser Reise war nur das Ende deutlich und erwachsen. Es war der Kreisel bei Terespol, an dem die Straßen 816 und 698 zusammenliefen.

An dem Ort, wo die zwei Straßen aufeinandertrafen, gab es nichts Besonderes. Auf der einen Seite Wiesen, auf der anderen ein Kiefernwäldchen, im Osten die Weiden am Bug, im Westen ein Mäusebussardpaar. Und in der Mitte der Kreisel, aus drei Kreisen so aufgeschüttet, dass der innerste, der kleinste, auch der höchste war. Direkt in der Mitte, hoch oben, stand eine Laterne mit vier Scheinwerfern. In jede Himmelsrichtung einer. Schwer zu sagen, ob sie Mitte, Ende, Anfang oder alles zusammen markieren sollten. Ich suchte nach etwas Besonderem, nach einem Medium, dem Goldenen Vlies oder Ähnlichem. Vielleicht würde ich eine weggeworfene Zeitung finden, ein Buch, eine seltene Pflanzenart oder einen Vogel. Aber es tat sich *nichts*. Abgesehen von der Photosynthese, der Zellteilung, dem Wachstum der Pflanzen und den Kundschafter-Ameisen.

Ich blickte Richtung Polen, dort gab es »Baumaterial«, »Werkzeuge für Hydraulik« und »Möbel auf Bestellung«. Was könnte hier aus der Epoche vor dem Kreisverkehr übrig sein? Aus der Zeit, bevor man der alten Straße zwei verschiedene Nummern gab? Vielleicht das Brutgebiet von *Saxicola rubetra*, dem Braunkehlchen, das auf der Espe sang? Vielleicht die Acker-Hundskamille, die sich mit der Hundskamille und der Färberkamille kreuzt und am Straßenrand Hybriden bildet? Oder das vornehme Greiskraut *Senecio vulgaris* mit gelbem Haar und harten Blättern? Nichts, worüber man schreiben könnte.

Es ist schwer, sich von einem Ort zu trennen, mit dem du ein perfektes Ganzes bildest. Das Verlassen dieses Ortes ist eine kleine Katastrophe und erzeugt einen Phantomschmerz. Es bedeutet, dass du nicht mehr existierst. Also gehst du immer wieder zurück, um zu sehen, was da für ein Strauch ist, was für eine Flasche, warum der als Verzierung gedachte Sockel bröckelt. Ein russischer Kronkorken. Maikäfer und Wermutkraut. Als hofftest du darauf, das Geheimnis der Straße zu entdecken. Des Straßenbaus?

Und dann zu Fuß, mit Autostop und Bus, von einer Welt in die andere, aus der Audi-Wirklichkeit in die Autosan-Wirklichkeit, von Kodeń nach Włodawa. Wie von einem Buch zum anderen, von Geschichte zu Geschichte. Die Straße 816 wurde klein, schrumpfte wie in einem Zoom. Einen Abschnitt, für den ich drei Tage gebraucht hatte, konnte man in drei Stunden durchqueren. Aus dem Blickfeld ragten Kreuze und Ortsnamen. Die Kreuze verlockten mich zum Bekreuzigen, die Namen reizten zum Aussteigen, Umdrehen und Bleiben.

153

WŁODAWA

Włodawa im April verdiente in jeder Hinsicht Aufmerksamkeit und Beschreibung. Obwohl die Leute hier ihre Holzhäuser zugunsten von gemauerten verlassen hatten, waren im Blickfeld genug Farben und Hintergrundfragmente geblieben, und natürlich die unveränderlichen Koordinaten, verankert in den Dominanten: orthodoxe Kirche, katholische Kirche und Karree.

Um das Karree herum stehen Mietshäuser, Wohnblocks und Holzhäuser versammelt. Włodawa verbindet Holz mit Backstein und Mörtel mit Kiefernbrettern ebenso leicht wie die ältesten Städte des Ostens und Südens, die bald einen Eindruck von Unordnung, bald von Harmonie hervorrufen. Die städtische Bebauung kommt nicht direkt an das Karree heran, von Osten und Westen ist recht viel Platz, für zwei kleine Marktplätze. In der Nähe, in der Ulica Wąska, kann man Holzhäuser finden, aber auch Wohnblocks. Aus einem davon kam ein Mann mit einem kleinen Hund. Der Hund setzte, ungeachtet des milden Lichts aus dem Westen und des

Duftes der jungen Blätter, einen dicken Haufen in den Schatten einer Kastanie, worauf er wieder im Treppenhaus verschwand. Der letzte Apriltag brauchte in der Wąska lange, bis er erloschen war, wie Feuer in einem Herd.

Im Fenster eines der Mietshäuser telefonierte eine junge Frau, und in ganz Włodawa ertönte: »Alles wird gut, Mama!« Ein Eisverkäufer in der Straße Johannes Pauls II. war derselben Meinung. Er unterhielt sich mit jemandem und stellte die These auf, ob es nicht vor allem die Produktion oder zumindest die Gewinnung von etwas sei, die einen Ort ausmachte. Ein Ort müsse etwas herstellen, um zu existieren, um zu leben. »Ich mache hier Eis«, sagte er ruhig und selbstsicher.

Es lohnt sich, die Nacht in Włodawa zu verbringen, um zu sehen, dass es am Morgen erstaunlich lebendig ist. Als würden drei jüdische Fabriken mit Volldampf arbeiten. Doch Włodawa produziert hauptsächlich die Erinnerung an die mittelalterliche Stadt, an drei Kulturen und die frühere Grenze des Königreichs Polen zum Großfürstentum Litauen. Vielleicht bringt diese noble Beschäftigung ebenfalls Lärm und Straßenverkehr mit sich. Von achttausend Menschen. Nur auf dem Busbahnhof herrscht verdächtige Stille.

»Busbahnhof« ist ein zu großer Ausdruck für diesen kleinen Platz, aber man kann sich darauf einigen. Denn das Wort »Bahnhof« kommt einem schließlich – wenn

155

auch nur langsam – in den Sinn, wenn man die zwei bescheidenen Gebäude, die vier überdachten Haltestellen und das Loch im Asphalt betrachtet. Dieses Loch ist hier unentbehrlich. Es ist genau an der Stelle, wo es sein muss, so geplant, dass die fahrenden Autosan-Busse es zwischen den Rädern haben. Ich weiß nicht so recht, ob die Gebäude und Haltestellen wirklich existieren oder ob sie erst erscheinen, wenn man sie mit dem Blick erfasst. Es sieht hier eher nach einem Treffpunkt, nach einem Ort für Rendezvous aus als nach einem richtigen Bahnhof. Hier kommen Busse aus Terespol an, das heißt aus dem Norden. Und sie fahren ab. Nach Süden Richtung Dorohusk, die 816 entlang, fährt nichts. Der ephemere Bahnhof trägt mit Mühe und Not die schwere Pflicht, Ende und Anfang zu sein.

Ein älterer Herr mit nicht ganz vollständigem Gebiss sprach mich an. Er kam von selbst in meinen Kosmos, er betrat mein Territorium, überschritt die Grenze, außerhalb deren ich den anderen nicht höre oder verstehe und keinen Blickkontakt habe. Er sprach in einer alten, zum Teil unverständlichen Sprache. Ich war ihm dankbar, denn er erzählte gern, wie die Bewohner des sibirischen Nordens, die zu langer Einsamkeit verdammt sind. Er sprach über das Gebiet um den Bug. Vor dem Krieg fanden in den ukrainischen Dörfern am Bug drei Arten von Hochzeiten statt. Wenn der Gastgeber die Gäste mit den Worten »nu, nu« zum Essen aufforderte, nannte man das

eine Hochzeit mit *prinuka*. Wenn er sie nicht besonders
aufforderte, war es eine Hochzeit ohne *prinuka*. Wenn es
aber nichts zu essen gab, nahm man an einer Hochzeit
mit *pridumka* teil – weil man sich das Essen dazudenken
(*pridumat'*) musste. Und heute sei es – seiner Meinung
nach – häufig so, dass die Leute am Bug Polen seien,
aber ihre Identität sei wie die dritte Art Hochzeit: mit
pridumka. Von sich selbst sagte er, er sei aus dem Westen, also ein »echter« Pole.

Die Ontologie des Karrees schien nicht viel sicherer
zu sein als die des Busbahnhofs. In einer ehemaligen
Metzgerei aus dem 18. Jahrhundert kann man heute Kaf-
fee trinken. Unter einem alten Kreuzgewölbe, in einem
übertrieben europäischen Lokal. Aber warum ist es in
einer ehemaligen Metzgerei wie in einem Café in Ber-
lin oder Wien? Was wird hier seit dem frühen Morgen
nachgeahmt? Was ist das für eine Mimesis? Und wie ist
es früher hier gewesen? Als Wahrheit mussten die Vor-
kriegsfotografien genügen, die an den Wänden hingen.
Man konnte sie sich anschauen und gleich darauf die-
selben Stellen außerhalb der Fotos betrachten – neun-
zig Jahre später. Und man konnte über die Zeit staunen,
konnte sie anders messen als in Stunden. Eben durch
dieses Staunen, durch die Verweigerung des Einver-
ständnisses, durch den Widerspruch. Ich fühlte mich
dort wie die Antwort auf die Frage, die die Menschen auf
den Fotos, die Bauern, die Beamten, die Juden und die

Bürger gequält haben muss: »Was wird geschehen? Wie wird es werden? Wer wird hier sein?«

Die Kastanienbäume wuchsen still. Keine Stadt hat so viele Kastanien im Zentrum wie Włodawa. Um das Karree herum prangen an die zwanzig, außerdem gibt es ein paar recht große Linden. Von den Kastanien kommt die Ruhe in der Ulica Spokojna, der Ruhigen Straße. Sie lockt von weitem jeden an, der das erste oder das zweite Mal dort ist. Die Ruhige Straße ist, was sie ist, weniger infolge der Arbeit der Vermessungsingenieure als eher aufgrund der sechs denkmalartigen Kastanienbäume, die von noblen Beamten oder Bewohnern erhalten worden sind. Aufmerksamkeit verdienen auch eine Linde und ein Eschen-Ahorn. Weitere sieben Kastanien stehen vor der orthodoxen Kirche und genau fünfzehn im Park daneben. Die alten Bäume haben es gut in Włodawa.

In Włodawa sieht man, dass der Anfang eines Ortes verschieden sein kann. Ebenso sein Ende. Dass ein Ort nicht nur deshalb existiert, weil dort jemand etwas produziert. Sondern auch, weil er alt ist und eine Geschichte hat, der sich so mancher Staat nicht rühmen kann. Dieses aprilgesättigte Włodawa wollte mich nicht loslassen. Wie alle gut ausgebildeten, festgelegten und abgesteckten Punkte. Kreuzungen, Haltestellen, Marktplätze, Promenaden. Kneipen, Kirchen, Denkmäler und Friedhöfe.

SEITENSTREIFEN Wenn schon gehen, dann auf dem Seitenstreifen. Dort ist es leichter, das Gleichgewicht zu halten, als auf dem Asphalt. Auf den Seitenstreifen entstanden allmählich Pflanzen, die unempfindlich gegen Tritte sind, wie der Wegerich, der Vogelknöterich oder die Kamille. Und mit ihnen das Gänsefingerkraut und einige Arten aus der Familie der Hahnenfußgewächse. Sie sind von Anfang an auf dieser Straße gewachsen, sind ein Teil von ihr geworden, und wahrscheinlich hat die Bugstraße sogar mit ihnen begonnen. Ganz zu Anfang war die Straße ein Pfad, später ein Paar Spurrillen mit einem Grünstreifen dazwischen, der von den Pferden niedergetreten wurde.

STRASSE 816 Wenn du in ein fremdes Auto steigst, musst du manchmal deine Identität ändern. Das tut weh, physisch. Du darfst dich nicht als klüger erweisen als der Diplomlandwirt, der die Weisheit mit Löffeln gefressen hat, denn draußen ist es Nacht. Du kannst dich nicht dem antisemitischen Händler widersetzen, wenn draußen Schneeregen fällt. Du verbiegst dich, wechselst das Thema, lügst und betrügst. Nur um zu fahren. Du leidest. Das ist der Preis für die Fahrt. Wenn du aussteigst, scheint der Wohltäter manchmal Geld zu wollen, aber dein Gesichtsausdruck sagt: »Es reicht, du hast genug bekommen.«

Diesmal musste ich meine Identität nicht ablegen. Der Volkswagenbesitzer hatte in den siebziger Jahren am Bau dieser Straße mitgewirkt und wollte sehr gern jemandem davon erzählen. Er erinnerte sich an die 816 noch aus der Zeit, als sie eine Schotterstraße war, und an das Jahr 1971, als er sie asphaltierte. Wenn er in seinen Erinnerungen die Kurven nahm und an vertrauten Orten vorbeifuhr, fühlte er sich geborgen und sicher. Er fuhr

schnell. Von der Straße sprach er liebevoll, zärtlich, als
wäre sie zu klein für die Verpflichtungen, die eine Woiwodschaftsstraße hat. Sie war ja selbst für einen Mittel-
streifen zu schmal. »Sehen Sie – sie hat nur eine Linie an
den Rändern, in der Mitte nichts. An manchen Stellen
kann auch keine Rede vom Seitenstreifen sein. Aber sie
haben sie zur Woiwodschaftsstraße gemacht. Das ist eine
alte, schmale Straße für Pferdefuhrwerke, sie hätte lieber
eine Kreisstraße bleiben sollen.«

Als er so seine Rede schwang, bemerkte ich, dass die
Wiesen in Bewegung waren. In einer der vier Arten
Bewegung, die ein alter Grieche beschrieben hat. Sie
gingen – ja, eben das: Sie gingen von einem warmen
winterlichen Braun in ein Maigrün über. Sie gingen ja
eigentlich nirgendwohin, aber selbst das moderne Polnisch und Deutsch verraten, dass der Grieche recht
hatte. Dass in der Veränderung der Farbe ein gewisses
Potential an Bewegung steckt, eine spezifische Art von
Bewegung. Etwas wie die Wanderung der Farbe über
einen Halm, mit jedem Tag ein bisschen mehr. Es war
daher eine Wiesenbewegung, *pratense*.

Was kann noch Wiesen- sein? Bei den Vögeln die
Wiesenweihe und der Wiesenpieper. Bei den Pflanzen
der Wiesenbocksbart und der Wiesenschachtelhalm. Bei
den Insekten die Wiesenhummel und die Wiesenameise.
Auch eine Marienkäferart trägt im Namen die Wiese.
Und dann noch die Vierfleckkreuzspinne, eine große

Spinne, die auf Polnisch Wiesenkreuzspinne heißt. Alles zur Wiese gehörig, *pratense, pratensis, pratorum*.

In Małoziemce zog an der Straße ein Holzhäuschen vorbei, das bis zum Fensterbrett mit Heu und Blättern isoliert war. Im nackten Fenster, einem alten, aufgeteilt in vier Scheiben, blitzte ein Männergesicht auf und eine Hand mit Zigarette über einem Flaschenhals oder einer Petroleumlampe. Nein, es war keine Täuschung, das Häuschen war noch einige Sekunden im Rückspiegel zu sehen. Und im Hof ein an einen Golf gespannter Pferdewagen. Nein, es war keine Illusion, es war ein Golf, ein rotes mechanisches Pferd. Er war noch einige Sekunden im Rückspiegel zu sehen. Und der Straßenbauarbeiter redete, als wäre die Straße nur für solche Fuhrwerke gemacht.

Über Hniszów, wo im Winter der Christus und die Kastanienbäume gelitten hatten, kreiste ein Schreiadler. Ich hätte keine charakteristische Eigenschaft dieses Vogels nennen können, aufgrund deren ich erkannte, dass es sich um *Aquila pomarina* handelte. Und auch keine anderen Merkmale. Ich erblickte den Vogel, und irgendwoher erschien in meinem Kopf sein Name. Ohne Anstrengung, automatisch. Es war ein wenig atavistisch – auf diese Art erkennen einander Tiere. Ein Gedanke, den ich laut aussprechen musste, zum Erstaunen des Fahrers.

Ein Schreiadler also – und sofort stand eine ganze Reihe von Informationen, Daten und Erinnerungen zur Verfügung: ein Meter siebzig Flügelspannweite, im Gleitflug sind die Flügel nach unten gebogen, die kleinen Oberflügeldecken sind weißlich. Es gibt noch etwa dreitausend Paare. Der Schreiadler bewegt sich hervorragend zu Fuß, was bei Raubvögeln selten vorkommt. Wenn er ein Opfer anfällt, rollt er die fast zwei Meter langen Flügel auf die Größe einer Kugel zusammen und schlägt ein wie ein Geschoss. Man kann ihn leicht mit dem seltenen Schelladler verwechseln, aber dessen Unterflügeldecken sind dunkler als die Schwungfedern, und er hat oben nicht diese zwei sichelförmigen hellen Stellen und nicht diesen hellen Fleck am Ansatz der Schwungfedern der ersten Reihe. Doch wie konnte ich das alles sehen, wenn ein Blick genügen musste? Nun ja, da waren ja noch die Erinnerungen.

Aus der Tiefe des Hintergrunds, vor dem der Adler kreiste, zog ein Sturm heran. Das Unwetter hatte etwas von Weltuntergang. Starker Regen fiel, mit der Aussicht war es vorbei. Selbst die Möglichkeit des Schauens war beendet, die ganze psychische Welt mit allem, was sie hervorbrachte. Auch mit dem Komfort der Reglosigkeit und des Betrachtens war es vorbei, ich musste aussteigen. Ich musste flüchten, mich unterstellen, die Natur spielte verrückt. Dieser Zustand hatte etwas von alkoholischer Berauschung, etwas von Gedankenverlorenheit oder von langem Herumirren. Verbunden war all das durch das gemeinsame Element einer zeitweiligen Abwesenheit, sogar des Nichtseins. Ich stand in irgendeinem Laden, nass, und konnte mich nicht an den Abschied vom Fahrer erinnern.

VOGELKNÖTERICH Ich ging von Okopy nach Dorohusk. Wie die Leute aus dem Osten war ich mit einem Kilo gerösteter Sonnenblumenkerne ausgerüstet, um die Zeit totzuschlagen. Um ihr einen tödlichen Hieb zu versetzen. Das russische *ubiwat' vremja*, die Zeit totschlagen, klingt wie *ubiwat' tscheloweka*, einen Menschen totschlagen. Kern für Kern, Hieb für Hieb. Dorohusk war nach drei Kilometern in bedächtigem Marsch zu Ende, die Sonnenblumenkerne nicht. Sie gingen noch einige Tage lang nicht zu Ende.

Im Winter hätte niemand einen Groschen dafür gegeben, dass an den Bahngleisen entlang, in mickrigem Sand und zwischen Steinen, so viele Samenkörner liegen. Jetzt hatten sie schon gekeimt und wuchsen allmählich: Raps, Löwenzahn, Kresse, Hirtentäschel und Acker-Hellerkraut, *Senecio*, Kamille, Frühlings-Hungerblümchen. Die ganze Phytozoenose, und niemand hätte es gewusst, jeder wäre vorbeigegangen, ohne zu schauen. Sicher liegt dort irgendwo auch der Samen des Schmalblättrigen Weidenröschens, das erst im Sommer blüht und entlang der Bahngleise bis Moskau wächst. Und dann weiter, über den Ural, das Westsibirische Tiefland, über das Baikalgebirge bis zum Pazifik. Das Blickfeld ist voller Samenkörner, üppig befruchtet.

Die PKS-Haltestelle in Dorohusk ist ein ganz spezieller Ort. Der Westen hat so etwas nicht. Vor der blechernen Überdachung war eine niedergetrampelte Stelle im Grün zu sehen, der Platz zum Warten. An Regentagen sammelte sich Wasser darin. Der Warteplatz war von Vogelknöterich umgeben, einem gegen Tritte widerstandsfähigen Zeugen der Reise. Eine seiner volkstümlichen Bezeichnungen ist *podorożnik* (worin das ostslawische Wort *doroga*, Weg, steckt), das entspricht dem deutschen »Wegerich«. Das häufige Auftreten des Vogelknöterichs an Wegen und Straßen hatte mit Sicherheit große Bedeutung bei seiner Reise auf die südliche Halbkugel, auf der er früher nicht vorkam. Die verzweigten, am Boden liegenden Stängel erreichen eine Länge von bis zu fünfzig Zentimetern. Die Blättchen sind klein, elliptisch oder lanzettlich, mit ganzen Rändern. Grün, blaugrün, staubig. Die kleinen rötlichen Blüten werden durch das Zertreten leichter bestäubt. Das Warten kommt daher der Vermehrung des Vogelknöterichs zugute. Obwohl die Samen hauptsächlich von den Vögeln verbreitet werden, im Kot.

Vereinzelte Passanten warnten mich: In die andere Richtung »geht nichts.« »Fahren Sie besser nach Chełm und von Chełm nach Hrubieszów und erst von dort nach Horodło«, meinten sie. Dabei waren es nur noch vierzig Kilometer. Doch nach dreißig Sonnenblumenkernen erschien ein stattlicher Bus. Kurz hinter der Haltestelle drehte er um und flüchtete nach Chełm. Es stieg nicht einmal jemand aus. Danach kam ein Autosan-Bus, aber er führte das gleiche Manöver aus und rettete sich durch Flucht. Ich musste warten. Um für einen Moment einzusteigen und dann wieder zu warten. Zwei Stunden Warten ist nicht viel. Viel waren die Sonnenblumenkerne. In Dubienka herrschte die Ruhe, die hier nach dem letzten Krieg eingekehrt war. In Skryhiczyn, wo der Kreis und die Gemeinde zu Ende sind, warteten außer mir zehn Störche. Ein paar Schafstelzen empfahlen sich alles andere als bescheiden. Der Vogelknöterich war weiterhin widerstandsfähig gegen Tritte. Man kann das alles länger als vierzig Minuten betrachten. In Matcze tobten die Vorbereitungen für die Kirchweih des heiligen Josef, des Zimmermanns. Und dann noch eine Wirklichkeit – und der Name Horodło.

NACH SÜDEN Es erforderte große Charakterstärke: direkt nach Horodło zu fahren. Nicht auszusteigen und nicht in Skryhiczyn oder in Matcze zu bleiben. Nicht nach Maziarnia oder Józefów abzubiegen. Nicht durch den Strzelecki-Wald zu streifen, in den jetzt die Adler zurückgekehrt waren. Aber das Ende der 816 machte mich unruhig und lockte mich, der Abschnitt von sieben Kilometern, den ich noch nie gesehen hatte – von Horodło nach Zosin. Die ersten Schritte an diesem neuen Ort setzte ich um 17.00 Uhr, gerade war die Sonne herausgekommen. Man konnte also schauen wie zum ersten Mal im Leben.

Das Wolhynische Hochland begann unauffällig. Der Bug war, wie er war – er unterspülte langsam und sanft den Osten, aber von Westen her hatte sich die Welt erhoben und bildete jetzt einen Streifen hoher dunkler Felder, durch die ich damals nach Horodło gewandert war. Es war der Schauplatz des Massakers der Ukrainer an der polnischen Bevölkerung im Jahr 1943. Wo bewahrten die Leute das Wissen über das Verbrechen auf?

Über die verschiedenen Methoden des Tötens und des Verstümmelns? Dass man jemanden mit einer Säge zerschneiden und die Kinder im Brunnen ertränken kann? In der Literatur, in Legenden oder dort, wo wir alle den Hass verbergen? Handelt es sich hier um die Tradition der Kosakenaufstände oder eher eine Nachlese der sowjetischen Lager, in denen die Menschen, wie es auf Russisch heißt, *po ponjatijam* lebten, nach »Ehrenregeln«, das heißt nach den Gesetzen der kriminellen Szene?

Ein von Westen einfallender Sonnenstrahl auf den Hinterkopf machte mir bewusst, dass die 816 ihren Lauf geändert hatte. Dass ich mehr nach Osten ging als nach Süden und dass die Straße das Flussbett nachahmte. Etwas in der Erde hinderte den Bug daran zu fließen wie zuvor, und so gingen auch die Menschen anders. Der Name der Landschaft hatte sich geändert: Hochland. Die Tektonik und das Blickfeld hatten sich verändert. Sogar die Botanik schien hier anders auszusehen.

Die neuen Häuser waren genauso hässlich und prätentiös wie in Polesie oder in Zentralpolen. Gefällt den Polen vielleicht nur, was neu ist? Stützt sich ihre Ästhetik etwa auf dieses Kriterium? Wichtig war nur, etwas Neues zu bauen, egal was, egal wo – Hauptsache neu. Wie aus der Werbung, aus dem Katalog, aus dem Supermarkt. Hauptsache das Blickfeld verstellen oder verdecken. Und überall Thujen, Thujen und nochmals Thujen. Ganze Reihen von Thujen, als wäre man in der Toskana. Hinter den Thujen verbarg sich die komplizierte Infrastruktur der Erholung. Schaukeln, Lauben, Grill-Terrassen. Aufblasbare Schwimmbecken für Erwachsene. Werkzeuge und Geräte, um die Zeit totzuschlagen. Ob die Anlagen leer oder besetzt waren – sie machten den Eindruck, als gäbe es irgendwo ein Übermaß an Leben, als wartete man nur darauf. Als harrte man wartend aus. Als hinge dieses Etwas in der Luft und könnte jeden Moment kommen.

Und dann ein altes Mütterchen. Sie war so trocken und grau, dass man sie vor dem Hintergrund eines Holunderstrauchs kaum bemerkte und den Kopf für den weißen Blütenstand der Pflanze halten konnte. Sie sah aus wie ein Spross des *Sambucus nigra*. Ich hätte sie am liebsten auf den Arm genommen und getragen, wohin sie wollte, aber ich fragte nur, ob es noch weit nach Zosin sei. Sie stieß die Luft aus und sagte fast drohend: »Hoho, das ist noch sehr weit! Die Kurve, die Bäume dort, drei, vier Häuser, die Wiese, das Kreuz und das verlassene Haus. Ein ganz schönes Stück.« Dabei lag Zosin schon hinter der nächsten Kurve. Als würde die Babuschka nicht in Zahlen denken, nicht in Entfernungen von Metern oder Kilometern. Sondern in der Kategorie von Orten, Stellen, Ereignissen, wichtigen Punkten. Ich war ihr dankbar für diese Lektion.

Die 816 endete hinter Łuszków. Zuerst erschien auf der geflickten Dorfstraße, auf der nicht eine Spur weißer

Farbe zu finden war, ein Fußgängerübergang. Er sah seltsam aus, wie ein überflüssiger Luxus. Der erste Übergang seit Dubienka oder sogar seit Dorohusk. Dann spaltete ein grüner Keil den Asphalt in zwei Hälften: Links ging es zur nahe gelegenen Grenze, rechts zur Straße 844. Ab hier war die 844 die Nadbużanka, die Bugstraße. Reich an verschiedenen Linien, Zeichen, an mannigfaltigen Inhalten. Da standen Ukrainer um Busse und Lieferwagen herum. Ukrainische Mädels pinkelten ausgiebig in den polnischen Raps.

Weiter im Osten kann man in Polen nicht sein.

Solche Orte versammeln eine Menge Menschen, Emotionen und Müll. Vor dem Examen der Grenze oder auch kurz danach wollen die Reisenden etwas trinken. Also machen Imbiss-Buden auf. Außerdem stehen die Leute neben ihren Autos und trinken oder an der Haltestelle. Wenn sie in den Bus steigen und Flaschen zurücklassen, kann man sehen, wie sie unwillkürlich die Bedeutung des Substantivs »Haltestelle« verstärken. Ein anderer kann dann dort haltmachen, wie sie es getan haben, sich ausruhen, vielleicht ein zurückgelassenes Bier finden. Er kann aus dem Blick verschwinden und selbst viel sehen. Wenn er dann erkannt hat, wer hier mit wem, was und wie, kann er vor der Beschreibung dieses Ortes nach Süden fliehen. Und an den Wiesen entlang weitergehen.

Eine Kapelle von Tieflandunken spielte fröhlich drauflos, wurde aber von Käfern hartnäckig gestört. Lauter als die Brachkäfer waren die Maikäfer. Ihr Name sollte erst einen Tag später seine Bedeutung erfüllen, denn erst am Tag darauf sollte der Mai beginnen; aber das war nicht das einzige Mal, dass das Designat und der Name sich verfehlten. Der Brachkäfer, auch Junikäfer genannt, würde schließlich erst in einem Monat Sinn machen, und doch war er schon da, flog herum und existierte. Die Finken warnten mit ihrem »schrrrrr« vor dem Regen. Ihr Ruf klang ein bisschen wie das Ächzen einer Ziehharmonika, auf die sich jemand setzt. Die Kiebitze quakten laut und ungeniert. Das Sumpfhuhn warf einzelne Noten hin. Und hinter alldem, vom Fluss her, konnte man Nachtigallen hören. Ich lauschte lange, aber es waren vor allem Sprosser, die sich ereiferten, *Luscinia luscinia*, deren Gesang sich von dem der *Luscinia megarhynchos*, der eigentlichen Nachtigall, ein wenig unterscheidet.

Das Lied der Sprosser enthält ein von Zeit zu Zeit wiederholtes trockenes Klappern, aber es gibt darin nicht die Serien sich verstärkender Schluchzer, die im Gesang der Nachtigall so charakteristisch sind. Wichtiger ist jedoch, dass die Nachtigall vor allem im Westen vorkommt, der Sprosser dagegen im Osten. Die Nachtigall ist sozusagen europäischer, der Sprosser schon ein bisschen russisch beziehungsweise ruthenisch. Die Grenze der Verbreitung der beiden Gattungen verläuft durch Polen.

QUARTIER In den Orten, in denen es einen Limes, ein Loch in den Welten oder eine Brücke zwischen ihnen gibt, findet sich immer auch eine Übernachtung und eine Mahlzeit. Sie werden fast immer von Frauen in ehrbarem Alter angeboten. Männer gibt es nicht, sie sind schon jenseits der Grenze, jenseits einer der Grenzen. Die Wachsamkeit und der anfängliche Argwohn der Mütterchen verdienen Achtung und eine Beschreibung. Eine extra Abteilung der Wissenschaft: eine Verhaltensforschung über die Vorsicht oder eine Anthropologie der Übernachtung. Tapfer überwinden sie ihre Angst vor dem Neuankömmling. Und später freuen sie sich, dass wir einander doch trauen können. Und dass wir im Morgengrauen, beim Abschied, einander sogar fest die Hand drücken.

STEPPE Am frühen Morgen pfiffen mich auf den Wiesen hinter Strzyżów drei Pirole und eine Amsel aus. Ein Schilfrohrsänger schimpfte auf seine Art, ein Sprosser versuchte, ihm etwas zu erklären. Die Schafstelzen flirteten miteinander vor den Augen der ganzen Biozönose. Als es zu einer Annäherung kam, ging ich schon am Rand eines außergewöhnlichen Waldes entlang, in dem viele Ulmen wuchsen. Als Bäume, aber auch als niedrige Sträucher. Die Ulmen bildeten hier den Wald und das Unterholz, was so selten und ungewöhnlich ist, dass ich vergaß zu schauen, um welche der drei Arten der edlen Gattung *Ulmus* es sich handelte: Feldulme, Flatterulme oder gar Bergulme? Vom Waldrand flog ein Schreiadler auf und glitt an den Rand Polens, an den Bug, hinter dem – schon in der Ukrainie – ein zweiter Vogel kreiste. Der Fluss trennte offensichtlich das Brutgebiet des Adlerpaares. Oder er war ein Teil davon.

Irgendwo hier am Bug, auf der anderen Seite, stand das Häuschen eines Ukrainers namens Lupinka. Das war während des letzten Krieges. Lupinka schoss ab und zu auf polnische Jungen, die auf der anderen Seite des Bugs badeten. Die Knirpse hauten ab, aber sie kamen schnell zurück, angelockt vom kalten Wasser und den Fischen. Lupinka suchte eifrig nach ihnen und nahm sie weiter unter Beschuss. Das hat mir ein 1936 geborener Fischer erzählt. Die Leute von der UPA, der Ukrainischen Aufständischen Armee, kamen eher nicht auf diese Seite. In Horodło war damals ein Ukrainer Gemeindevorsteher, der eine polnische Frau hatte. Er hatte irgendein Abkommen mit den Bandera-Anhängern geschlossen, und in der Gegend um Horodło und Strzyżów herrschte relative Ruhe. Der Angler erinnerte sich jedoch, wie er mit seinem Vater Flüchtlingen »des ukrainischen Massakers« half, über den Fluss zu kommen. Er hatte noch immer verängstigte polnische Frauen und Kinder im Gedächtnis. An Männer erinnerte er sich nicht.

Ausgerüstet mit dieser besonderen Art von Wissen über den Ort, das nur ältere Menschen, Augenzeugen der Ereignisse, teilen können, machte ich mich auf den Weg Richtung Gródek, Czumów, Ślipcze und Kosmów. Es war eine leicht zu merkende Route, denn in all diesen Orten hatten 1938 oder etwas später die Polen orthodoxe Kirchen zerstört. So wie in Kryłów, Prehoryłe und im Dorf Gołębie, dem früheren Hołubie. In Gołębie macht die Staatsgrenze eine Metamorphose durch, eine völlige Verwandlung, wie ein Insekt. Das Flussbett des Bugs verliert sich in der Tiefe des Ostens, und Polens Limes wird von einer Flussgrenze zu einer Landgrenze.

Aber zuerst, irgendwo bei Ślipcze, passierte etwas mit dem Blickfeld. Die Veränderung hatte schon einen Tag zuvor begonnen, in Zosin. Die Wege wurden deutlich dunkler, fruchtbarer, und dann erschienen verschiedene neue Arten von Grün. Der Limes setzte sich jetzt aus einer größeren Zahl von Farben zusammen, was von der Vielfalt der Arten zeugte, die ihn bildeten. Auch das Grün der Wiesen und Rasen stammte zum Teil von anderen Pflanzen als bisher: Da waren das Große Windröschen, die Violette Königskerze, die Rote Schwarzwurzel, die Schwertlilie und der Rote Natternkopf, alles seltene Arten, und sogar – tief im Blickfeld verborgen – der endemische Zwergginster und die beunruhigende Sibirische Glockenblume. Das waren schon südöstliche Pflanzen. Ihre Samen wurden vom Steppenwind und vom Wasser des Bugs hergetragen. In den Brennnesseln, an einer sonnenbeschienenen Böschung, stöberte ein großer Hamster. So begann die Steppe und mit ihr der Süden.

KRASKA, BLAURACKE »Ich trete

Ihnen in den Arsch!« Dieser Satz riss mich vor dem Laden in Kryłów aus meiner Gedankenversunkenheit. Ein
alter Mann erzählte, wenn auch ungefragt, wie ein Pries-
ter mit diesen Worten auf die Forderung reagierte, Mes-
singhähne zu sammeln, aus denen eine Büste Johannes
Pauls II. entstehen sollte. Der Opa war empört über das
harte Diktum aus dem Mund des Geistlichen, und obwohl das schon vor einigen Jahren geschehen war, suchte
er immer noch jemanden, mit dem er seine Entrüstung
teilen konnte. Dabei habe gerade er, ein alter Mann aus
Kryłów, schon zwölf Stunden nach dem Tod von Johannes Paul eine Eiche zur Erinnerung an den Papst gepflanzt. Er behauptete, seine sei die erste päpstliche
Gedächtniseiche in Polen.

Der noch rüstige Opa schien hier mit einer fertigen
Geschichte aufzuwarten. Ja, er suchte einen Zuhörer. Er
erzählte, er sei nach dem Tod Stalins an den Bug gekommen. Damals gab es nichts, keinen Strom, keine Straße,
kein Klo. Die umliegenden Dörfer sahen entsetzlich aus,

verbrannt, pazifiziert von den Bulbachy, wie er die Bandera-Anhänger nannte. Er nahm etwa dreihundert Entbindungen vor, organisierte das soziale Leben, errichtete Denkmäler für die Partisanen. Auf dem Platz, wo die orthodoxe Kirche gestanden hatte, die zerstört worden war, fand er bei der Einebnung einen Tryzub, einen Dreizack, das Wappen der Ukraine. Der Dreizack war vergoldet, aus der Kriegszeit, mit gelben und blauen Bändern versehen. Bis heute hat er ihn an einem geheimen Ort versteckt. Die Bulbachy hätten in der Kirche Polen den Tod geschworen, sagte er. Und diejenigen, die das geschworen hatten, lebten heute noch hier, er wusste sogar, wer bei der Zeremonie die Bänder gehalten hatte. Aber davon – pst!

Seine Erzählung war voller Fakten aus dem Leben der lokalen Gemeinschaft, voller Gerüchte, menschlicher Schwächen und Kleinlichkeiten. Ich ließ sie an meinem Ohr vorbeistreichen, bis er anfing, von Stanisław Basaj zu reden. Basaj, Pseudonym Ryś (Luchs) oder auch Kraska (Blauracke), sei 1940 bis 1944 im Kreis Hrubieszów der Anführer der *Bataliony Chłopskie*, der Bauernbataillone, gewesen. Er habe den Widerstand organisiert und die polnischen Dörfer vor den Bandera-Anhängern geschützt. Wenn die Ukrainer auch behaupteten, er habe hauptsächlich angegriffen. Gerade hier, in Kryłów, auf einem Milizposten, sei er der UPA in die Hände gefallen.

»Frag nicht, schreib nicht, hör zu!« Wir irrten zwischen alten Häusern umher, und der Opa erzählte, inszenierte, rekonstruierte, ja, er rekonstruierte die Entführung des Helden, des Ritters, des Kmicic. Plötzlich begriff ich, wie ein Heldenepos entsteht, ein Lied über den *Geroj*. So müssen sie es im Mittelalter gemacht haben, so haben sie die Zeit angehalten: durch die Erzählung. Ich sah ganz deutlich, wie diese unsterbliche literarische Gattung geboren wurde. »Frag nicht, schreib nicht, hör zu! Es war März 1945, viele Partisanen sind anfangs in die Bürgermiliz eingetreten, auch Basaj. UPA-Leute, als NKWD verkleidet, taten so, als würden sie den Posten kontrollieren oder jemanden zu einer Identifizierung bringen. Die Bürgermiliz arbeitete mit dem NKWD zusammen. Ryś übernachtete in dem Dorf, sie sagten, sie bräuchten ihn dringend als Zeugen. Er konnte sich nicht einmal umsehen, da hauten sie ihm auf den Schädel, schlugen ihn grün und blau und fesselten ihn. Überall Blut. Sechsunddreißig von uns haben sie damals erschossen.

Frag nicht, sag ich! Denn niemand weiß« – hier dämpfte er die Stimme –, »dass jemand Basaj verraten hat. Derjenige, der ihn verraten hat, ins Gehirn haben sie dem geschissen – der hat hier gewohnt, dieser leibhaftige Judas. Er lebt bis heute. Nein, nicht hier, woanders, der Dreckskerl. Merk dir die Orte, wo das alles stattgefunden hat: das Haus, wo er übernachtet hat, den letzten Weg, schließlich den Posten. Hier haben sie ihn geschlagen, hier ist sein Blut geflossen, dort haben sie ihn hingebracht. So, jetzt kannst du kritzeln.«

Ich schaute lange auf den Weg, auf dem sie Basaj weggebracht hatten. Ich wusste nicht, ob das wichtig war, weil es Menschen betraf, die dieselbe Sprache sprachen wie ich und der Opa, oder eher deshalb, weil es vorbei war und nie wieder geschehen würde. Weil Basajs Mut sicher genau so groß war wie seine Angst, mit der er im Namen der von ihm vertretenen Ideen, die mir nicht so ganz klar waren, fertigwerden musste. Sie haben ihn im Rad einer Tretmühle in einem abgelegenen Dorf zermalmt, angeblich während eines Feldgottesdienstes. Zum Glück musste ich nicht annehmen, dass der Gottesdienst während dieser Torturen hier um die Ecke stattgefunden hatte, im ukrainischen Ritus. Ich merkte mir die Geschichte Basajs auch wegen seines zweiten, seltener benutzten Pseudonyms: Kraska, das heißt Blauracke. Die Blauracke ist ein außergewöhnlich farbiger Vogel aus der Familie der Rabenvögel. Wer weiß, vielleicht verbarg das Vogelpseudonym Basajs, dieses mutigen Soldaten und Plänklers, seine zweite Natur – den sensiblen Menschen.

Wir gingen zu der Eiche von Johannes Paul II., gepflanzt in der Rekordzeit von zwölf Stunden nach dem Tod des Papstes, und der Opa wurde nicht müde zu erzählen. »Und hier, siehst du, ein neuer Zaun. Hier halten sich viele Igel auf, weil man ihnen mit dem

Zaun den Durchgang versperrt hat. Ich nehme die Igel und – schwupp! – stecke sie unter das Fundament dieses Hauses. Das Haus ist hundert Jahre alt, darunter waren immer Igel. Und wenn sie sich paaren, stechen sie sich gegenseitig und quietschen dadurch wie verrückt! Sie laufen hin und her, und wer hier wohnt, kann nicht schlafen und flucht wie ein verwundeter Bandera-Anhänger!« Er kicherte erheitert. In seiner Schadenfreude und seiner Genugtuung zitterte eine Spur von Wahnsinn.

Es waren östliche Igel, diejenigen, die von Polen bis zum Fluss Ob in Sibirien verbreitet sind. Sie unterscheiden sich von den westlichen Igeln dadurch, dass sie am Bauch weiße Haare haben – die westlichen haben braune. Die mit brauner Behaarung trifft man bei uns nur in den wiedergewonnenen, das heißt den ehemaligen deutschen Gebieten. Es ist bezeichnend, dass auch Igel ihren Osten und ihren Westen haben. Und dass der westliche europäisch genannt wird und unserer folglich irgendwie asiatisch ist. Aber zum Glück kreuzen sie sich hin und wieder.

WIND, SAUERSTOFF, SILIZIUM

Die Strecke von Kryłów nach Gołębie, wo sich die Grenze von Wasser in Sand verwandelt, war lange niemand gefahren. Es schien das Richtige zu sein, diesen Weg zu Fuß zurückzulegen, langsam, und dabei die Entwicklung des Bugtals sowie die eigenen kleinen Metamorphosen zu beobachten. Schließlich würde der Fluss bald auf der ukrainischen Seite verschwinden, für immer, und die Menschen im Tal würden einen Nachmittag älter werden, alle.

Ein verlassener, in die Steppe führender Weg war ein guter Ort, um über die Anemochorie nachzudenken, die Verbreitung von Samen durch Wind. Die Überwindung des Raums mit Hilfe des Windes. Viele Samen von Kräutern und Sporen von Pilzen kommen auf diese Art und Weise mit den Entfernungen zurecht. Die Anemochorie gilt allgemein für alle Steppenpflanzen. Um fliegen zu können, haben die Samen Flügelchen oder eine Art Flaum ausgebildet. Das Flügelchen heißt *pinnaculum*, der haarkranzartige Flaum *pappus*. Dem müden Fußgänger mag das als unübertrefflicher Vorteil der Pflanzenwelt gegenüber den Menschen erscheinen.

Die Metamorphose des Limes bei Gołębie kann man nicht aus der Nähe betrachten. Das Bußgeld für die Missachtung des Verbotes beträgt fünfhundert Zloty. Die Grenze ist dort offensichtlich sehr schwach, wie ein früher einmal gebrochener Knochen. Es geht um den Punkt, wo das Bugufer nicht mehr polnisch ist und ein Streifen Erde oder auch Sand von ihm abgeht. Jetzt ist dieser Streifen der Limes. Oder vielleicht seine Achse? Nicht Wasserstoff und Sauerstoff, sondern Silizium und Sauerstoff bilden die Substanz der Grenze. Die farbigen Pfähle stehen einander gegenüber wie kurz vor dem Duell. Zwischen ihnen liegt etwas Weißes, vielleicht Stein, der diese *axis* festlegt. Und dann gibt es noch ein recht großes Stück verrosteten Stacheldraht, der vermutlich die Undurchlässigkeit der Grenze verstärken sollte. Ein Limes aus einem Drahtzaun! Offensichtlich war er nicht dicht, da man im nahe gelegenen Dorf unversteuertes ukrainisches Bier kaufen konnte.

GEOMETRIE In der Nacht weckte mich eine Raupe. Sie kroch aus meinem Haar und durchquerte das Gelände des Kissens in nordöstlicher Richtung. Sie war nicht aus der Familie der Glasflügler oder Schwärmer, sie war ein Vertreter der Spanner, auf Lateinisch *Geometridae*. *Geo* bedeutet Erde, in *metri* steckt messen. Die Raupen dieser Schmetterlinge haben nur zwei Bauchfußpaare: am Ende des Körpers und am Anfang, und so wandern sie, indem sie den Hintern zum Kopf ziehen, dann strecken sie sich wieder und so weiter. Sie sehen aus, als wollten sie ihren Weg messen, Spanne für Spanne, und damit die ganze Welt. Als zählten sie ihre Schritte, als würden sie die Entfernung, ja den Erdumfang messen – *Geometridae*. Und meine Raupe hatte auch den Kopfumfang eines Menschen gemessen. Und war in den Tiefen des Zimmers verschwunden, in einem Hochzeitshaus in den Außenbezirken von Hrubieszów.

Wen haben wir denn in der Familie der Spanner: den Stachelbeerspanner, den Gelbspanner und den Ampferspanner, auch Rotrandspanner genannt. Ein Weg in der

Länge von tausend Schritten des Stachelbeerspanners. Eine Reise in die Entfernung von zehntausend Bewegungen des Ampferspanners. Ein Leben von der Länge Hunderttausender Spannen des Gelbspanners. Was für ein Raumgefühl. Welche Distanz. Was für eine Ferne.

RÜCKKEHR In Sibirien ist die *Platzkarta* wichtig, in der Tundra das Rentier, und in der Gegend von Hrubieszów ist der weiße Bus das Transportmittel schlechthin. Mit weißen Bussen kommen die Ukrainer, um Fleisch, Milchprodukte und Eier zu besorgen, die Polen fahren mit ihnen, um Wodka und Kleider zu kaufen und vollzutanken. An der Haltestelle in Strzyżów wartete eine junge Polin auf den Bus nach Wolodymyr Wolynskyj. Für die Fahrkarte in die Ukraine zahlt sie nur zwölf Zloty. Sie will sich eine Hose kaufen. Nicht in Hrubieszów, das zehn Kilometer entfernt in der anderen Richtung liegt und das für fünf Zloty zu erreichen ist. Strzyżów hatte auf unsichtbare Weise einen Hang zum Osten, zu der Stadt hinter der Grenze. Und diese ganze Betriebsamkeit wurde nicht durch Insektenbeine, Flügel oder die Seele möglich, sondern durch ein Loch in der Grenze, auf der Höhe von Zosin.

Der nächste Weg nach Hause führte über Horodło, Dubienka und Dorohusk. Ich ging auf der schmalen Asphaltstraße zwischen Rapsfeldern Richtung Horodło, als die Polizei auftauchte. Echte polnische Polizei. Obwohl sie etwas unwirklich aussahen frühmorgens in der gelben Steppe, verpassten sie mir einen waschechten Strafzettel: fünfzig Zloty – dafür, dass ich auf der rechten Seite der Fahrbahn ging. Die rechte Seite war die östliche. Ich führte die Leere, den Raps, den Seitenstreifen und den Orient ins Feld, aber es half nichts.

Horodło traf ich immer noch unbeschrieben und unerklärt an. Es war aus Holz: fünfzig Prozent Zellulose, zwanzig Prozent Lignin, der Rest irgendwelche Eiweiße, Gerbstoffe und Öle. Ich ging also, schaute und versuchte, mir alles zu merken, prägte mir die Topographie ein. Diesmal schien mir die Etymologie klar zu sein, der Name Horodło kam sicher vom ruthenischen *horod*, das heißt Stadt. Auf den Sträßchen bewegte sich ein gutes Dutzend Leute, seit gestern hatte sich wohl nichts verändert. Doch die Feder eines Sperlingsvogels, ein schiefer Zaun und ein toter Hund zeugten davon, dass die Prozesse voranschritten.

Welche Bedeutung hat es, dass hier Häuser und andere Dinge aus früheren Zeiten erhalten geblieben sind? Dass es die orthodoxe Kirche auf dem Hügel gibt, an der Stelle einer anderen, die schon vor fünfhundert Jahren dort stand? Und eine katholische Kirche, in der sich eine Monstranz aus dem Jahr 1862 befindet? Und was bedeutet es, dass immer noch die alten Namen gebraucht werden? Und die Bäume? Warum scheinen sie so wesentlich zu sein? Ebenso wie der Hügel, die Ruinen des Gutshofs und die Skulpturen der beiden Löwen? Warum ist es so wichtig, dass man den Glockenturm von 1860 betreten kann, der schon so viele Jahre an derselben Stelle steht? Weil hier deutlich und ganz real wird, dass wir die Zeit nur scheinbar beherrschen? Weil man sich fast in jenem Jahr befindet?

Ausgewählte Teile der Landschaft, die in gutem Zustand überdauert haben, berühren einen auf ganz eigene Weise. Man erblickt sie plötzlich, und sie erscheinen seltsam bekannt. Wie das Fenster in der blauen Wand unter dem alten Apfelbaum in Włodawa oder das Häuschen an der Kurve nach Bereźnica, hinter Horodło. Sie wirkten wie getreu erhaltene Erinnerungen, Teile einer menschlichen Vorstellungswelt, eines Lebens. Derer, die dort zum Fenster herausgeschaut haben, die dort gespielt oder verweilt haben. Durch das Schauen und Sich-Einprägen wurde etwas Vergangenes wiederbelebt; beiläufig, unbewusst und doch ohne jeden Zweifel.

Wenn man von Süden nach Horodło kommt, nicht über die 816, sondern durch die Rapsfelder, in denen die tapfere Polizei lauert, erkennt man die Grenzfunktion der Stadt zwischen dem Wolhynischen Hochland und Polesie. Man sieht, dass ein Teil von Horodło auf dem Wolhynischen Hochland liegt und ein Teil im Tiefland von Polesie. Der Friedhof zum Beispiel gehört zu Wolhynien. Seine Topographie bildeten zwei Hügel,

die von Gräbern und Grabsteinen umgeben waren wie
Pueblos. Dass Polesie nicht weit war, bezeugten die einfachen Gräber – länglich, klein, aufgeschüttet aus Sand.
In ihnen ruhten vor allem Kinder. Man hatte sie hier und
da zwischen die Denkmäler gezwängt, sozusagen mit
Gewalt. Jemand besuchte sie, kehrte, schüttete ein bisschen Sand auf. Ohne die edlen Pflanzenarten hätte man
sie für riesige Maulwurfshügel halten können. Ohne das
Vaterunser und das Ave Maria – Gebete, die weniger
dem Seelenheil als vielmehr der Erinnerung dienen.

VÖGEL Durch die Orte, die ich gestern und im Dezember gesehen hatte, ging ich weiter. Und ich gewann immer größere Gewissheit, dass es in den alten Apfelbäumen, Birnbäumen und Kastanien den Wendehälsen gutging. Dass es zwischen Ahornen, Weißbuchen und Ulmen die Kernbeißer bequem hatten. Die Schreiadler ziehen Wälder in der Nachbarschaft von Wiesen und Hamsterhöhlen anderen Lebensräumen vor. Das ist ein alter Brauch, resistent gegen all die Kosaken, UPA-Kämpfer und verschiedene Übermenschen von der linken Seite der Landkarte.

Zu den grundlegenden Wahrheiten über die Städte gehören die Vögel. Die Avifauna. In allen Städten gibt es Sperlinge, Feldspatzen, Meisen: Blaumeisen, Kohlmeisen, an der Peripherie Weidenmeisen. Außerdem Gartenrotschwänze, Girlitze und Schwalben: Rauchschwalben und Mehlschwalben. Generationen von ihnen haben besser überlebt als die Menschen, als manche Ethnien, sie sind den Orten und Gebräuchen treu geblieben. Deshalb vielleicht sind die Begegnungen mit den seltensten von ihnen so wichtig, mit denen, die vom Aussterben bedroht sind: Schreiadler, Blauracken, Bienenfresser.

KREUZ Ein orthodoxes Wegkreuz. Golden, in einem weißen Stein befestigt. Es fällt ins Auge, weil es nicht beschädigt, sondern sogar gepflegt ist. Das einzige an der ganzen 816. Vielleicht weil es hinter dem Zaun eines bewohnten Hofes steht? Vor dem Haus empfängt eine ältere Dame Gäste aus der Stadt. Ein lautes »Gelobt sei Jesus Christus« und aufrichtige Neugier machen das Kreuz sofort zu einem wichtigen Thema, das ein Gespräch lohnt, sogar mit einem Unbekannten. Die Babuschka hebt hervor, dass sie in die Kirche geht. Ja, sie will erzählen. Sie ist fünfundachtzig, es ist offensichtlich, dass sie Dinge im Gedächtnis aufbewahrt, von denen sie niemals mit jemandem gesprochen hat. Sie ist auf die andere Seite des Bugs geflohen, zusammen mit ihrer Mutter, vor den Bulbachy. In diesem Dorf wohnten fast nur Ukrainer, sie nahmen sie auf wie ihre eigenen Leute und versteckten sie den ganzen Krieg über. Sie erinnert sich an den Hausherrn, er hieß Kościuk, hatte fünf Kinder, und trotzdem nahm er die zwei Flüchtlinge auf. Sie beschreibt ihn genau, wie er unrasiert, mit einer von Hand genähten Hose bekleidet, auf dem weißen Ofen sitzt und Hausschuhe aus Lindenbast flicht. Dieses Bild wirkt, als sei es lange gepflegt worden, sie hat es über siebzig Jahre im Gedächtnis behalten. Sie schenkte mir diese Erinnerung wie zur Aufbewahrung. Wie bei einem Staffellauf.

Das Kreuz auf diesem Grundstück hat schon immer hier gestanden, das heißt, es stand schon, als sie nach ihrer Heirat hier einzog. Das war nach der Aktion Weichsel, nachdem die ukrainischen Dorfbewohner abtransportiert worden waren. Damals ist wohl auch die orthodoxe Kirche zerstört worden. Auf dem Sockel stand etwas geschrieben. »Gehen Sie, lesen Sie's, mein Enkel zeigt's Ihnen.« Auf dem mehrfach geweißten Stein sah man tatsächlich Spuren von Buchstaben. Sie waren leichter mit den Fingerspitzen zu lesen als mit den Augen. Die Inschrift war kyrillisch: »... D-m-i-t-r-i-j-a C-i-b-u-l-s-k-o-v-o.«

»Cibulskij ... Und wie hat Ihr Großvater geheißen?«, frage ich den Enkel aus der Stadt.

»Cybulski«, sagt er, erstaunt, dass ihr Name auf Kyrillisch geschrieben ist.

BLICKFELD Dieses seltsame Gefühl: in ein Blickfeld einzutreten, das sich vor Jahren im Gedächtnis festgesetzt hat, für lange Zeit im Kopf geblieben ist und Eigenschaften einer Erfindung angenommen hat. Ich könnte gleichgültig daran vorbeigehen, an diesen Wiesen in der Gegend von Skryhiczyn, die ich vor langer Zeit gesehen habe, wäre da nicht diese seltsame, starke Empfindung. Das Gefühl, ein Designat zu berühren und zugleich woanders zu sein. In der Sprache? Mit Sicherheit irgendwo in den entfernten Winkeln meiner eigenen Vorstellungswelt. Wo die Feld- und Waldlandschaft meines Heimatdorfs, Teile Ostsibiriens und einige Fragmente der kostbaren Karten Jakutiens aufbewahrt sind. Und das Ganze begleitet von einer aufdringlichen Unruhe und Schmerzen in den Füßen.

Eine Rohrweihe, ein Männchen. Ein Vogelkreuz mit einer Spannweite von ein Meter vierzig. Vom Himmel aus gesehen wurde die Geometrie der Flügel von zwei Streifen, einem grauen und einem braunen, unterstrichen, die im Schwarz der Armschwingen ausliefen.

Von der Erde aus waren die Flügel weiß und endeten in demselben Schwarz. Ich vermied zu blinzeln, um das Schauen nicht zu unterbrechen.

Die Rohrweihe fliegt wie ein Papierflugzeug, nein – sie fliegt nicht, sie schwebt. Als könnte sie gleich abstürzen und an der Erde zerschellen. Jeder weitere Meter scheint der letzte zu sein, der Zuschauer wartet auf die Katastrophe, aber sie tritt nicht ein. Höchstens taucht der Vogel ins Gras ab, um dort jemanden zu töten. Das Staunen resultiert auch daraus, dass die Rohrweihe selten mit den Flügeln schlägt, weil sie sorgfältig den Wind ausnutzt. Wenn ein Windstoß endet, holt die Weihe doch noch etwas heraus, findet irgendwo einen Rest, als unterliege sie nicht der Schwerkraft. Ein naseweiser Junge glaubt, die Rohrweihe sei ein Drachen – und jemand, der im Gras versteckt ist, derselbe, der die Flügel des Männchens bemalt hat, zieht von unten an den Schnüren. Wahrscheinlich eine Art Feld- und Wiesengott.

Es war gut, die Gewohnheiten und die Biologie der Rohrweihe zu kennen und sich alle gefundenen Nester in Erinnerung zu rufen. Ihre Fähigkeit zu töten. Ihre Stimme, ihre Winterquartiere, ihre natürlichen Feinde. Ihren lateinischen Namen und die paar Wörter in anderen Sprachen. Das heißt, ihr ganzes Dasein, das auf seltsame Art und Weise existiert und schon auf die Rohrweihen wartet, die in einem Monat ausschlüpfen werden.

Zwei Wendehälse überschrien sich gegenseitig auf

beiden Seiten des Flusses. Ein ukrainischer und einer von uns. Die Serien des weinerlichen Quakens – gjä-gjä-gjä-gjä-gjä – trafen sich über dem Fluss, mal lauter, mal leiser, als durchbrächen die Vögel eine Demarkationslinie. Wendehälse sind ziemlich territorial orientiert, sie tolerieren die Anwesenheit anderer Exemplare in ihrem Revier nicht. Ihr gjä-gjä-gjä hallt weit, sicher über einen halben Kilometer. Diese Reichweite könnte man mit einer Limes-Linie nachziehen, eine solche steckten die beiden gerade ab. Eigentlich war es ein kleiner Krieg. Ich wusste, wenn ich zu nahe heranginge, dann könnte unser Wendehals erschrecken und dieses seltsame Bauchrednergestammel und Zischen von sich geben, das man so selten zu hören bekommt. Doch ich verließ das Territorium und lobte das Engagement des tapferen Kriegers.

Eine leichtsinnige Biene hatte zuviel Pollen auf sich geladen und schaffte es nicht nach oben. Sie flog auf der Höhe des menschlichen Knies umher und fiel wieder runter. Woher hatte sie Anfang Mai so viel Ware? Als ich sie näher betrachtete, flog über meinem Ohr mit einem flatternden Geräusch ein Schmetterling vorbei, wahrscheinlich ein Zitronenfalter. Machen Schmetterlinge ein Geräusch beim Fliegen? Es war ein Flattern zu hören. In Wäldern ist allgemein bekannt: Wenn der Zitronenfalter ausfliegt, beginnt der Schwarmtrieb des Gestreiften Nutzholzborkenkäfers. Der kleine Rüsselkäfer, zwei Millimeter Leben, hat einen eigenen Namen und seine eigene, recht komplizierte Biologie. In den Gängen, die er in das Holz höhlt, züchtet er einen Pilz, mit dem er sich und seine große Familie ernährt.

SKRYHICZYN »Zuerst war da das Parteipräsidium, dann ein Laden, dann eine Schule und ein Hort. Dann ist der Hof zerfallen, sie haben eine Trockenanlage gebaut, was, nein, für Tabak. Und später stand er leer. Die Leute haben ihn auseinandergenommen, für den Bau ihrer Häuser.« So fasste ein zufälliger Gesprächspartner die Geschichte des Gutshofs von Skryhiczyn zusammen. Konnten die letzten Besitzer, Familie Rottenberg, das voraussehen? Natürlich ging ich hin. Ich rekonstruierte die östliche Ecke, fand den Keller. Ich stand am Rande der hohen Wiese, über die in der Zwischenkriegszeit ein kleines Mädchen zum Bug gelaufen war. Während das Mädchen lief, breitete es weit die Arme aus und kreischte, weil es Angst hatte zu fallen.

Die Rekonstruktion früherer Gutshöfe ist aufgrund der Pflanzen möglich, die – im Gegensatz zu den Bewohnern – die Anwesen nicht verlassen haben. Holunder und Brennnesseln lieben Stickstoff, also wachsen sie häufig dort, wo sich Hühner- oder Kuhställe befanden.

Fuchsien und Malven, die meist in Reihen angepflanzt wurden, verraten einen ehemaligen Garten. Weinstöcke konnten sich an Wänden emporranken, aber auch an Veranden. Schneeball und Flieder nahmen die Plätze unter den Fenstern ein, oft wuchsen sie auch auf der Seite der Straße. Huflattich kann von einem Feuer zeugen, er liebt Brandstätten. Die mit dem Menschen verbundenen oder von seiner Hand gesäten Pflanzen sind das, was von der Anwesenheit der früheren Besitzer oder Hausherren übrig bleibt.

VERMEHRUNG In dem feuchten Wald vor Dubienka roch es nach Palisadenparenchym, nach Schwammparenchym und nach Mitochondrien. Es war ein Erlenbruch. Die Ausdünstungen der heftigen Fotosynthese schwebten in der Luft und erschwerten die Konzentration und die Überprüfung des Blickfeldes. Fruchtbarkeit, Pracht, Fülle allenthalben. Das Wachstum der Pflanzen begann, in die Breite und in die Höhe. Die Luft dröhnte vor lauter Zellteilung, Eiweißsynthese und Rauschen der Säfte in den Gefäßen. Es war die beste Jahreszeit, um über Anfang und Befruchtung nachzudenken.

Das wusste der Kuckuck, das wussten die Mönchsgrasmücke und die Nachtigall. Das Rotkehlchen, die Singdrossel und die Amsel. Der Schlagschwirl, der Rohrschwirl und die Wiesenralle, auch Wachtelkönig genannt. Und schließlich die Ringeltaube, der Buchfink und drei Meisenarten: Blaumeise, Kohlmeise und Weidenmeise. Aber auch Unken, Wechselkröte und Grasfrosch sowie Feldgrille. Alle erzählten davon, alle durcheinander. Später, als der Abend anbrach, auch der Storch, die Waldschnepfe und die Maulwurfsgrille.

Man hörte sie alle fast gleichzeitig, wenn man von den letzten drei einmal absieht. Im Laufe von nicht ganz zwei Minuten hörte ich vierzehn Vogelarten und drei Lurche, und ich konnte sie benennen. Jede Stimme verriet den Namen eines Lebewesens und den von ihm besetzten Platz. In meinem Kopf entstand eine einzigartige Karte. Es klang schön, und es erstaunte mich außerordentlich, wie jedes Jahr. Das große Plätze-Einnehmen war im Gang, die Präsentation des Raums, wie beim Discounter. Ganz wie bei den Menschen. Na, vielleicht mit Ausnahme des Kuckucks. Der Kuckuck ist ein echter Nomade, ohne Zuhause, ohne Nest, ohne Territorium. Er verteilt seine Eier, als wäre seine Unterkunft versprengt, vernichtet worden. Ein obdachloser Leichtfuß.

Die Blätter der Bäume verhielten sich wie die Vögel: Auch sie nahmen im Raum die ausgewählten Koordinaten ein. Zugleich waren sie fleißig dabei, die ihnen zugedachte Form zu erreichen. Die Schwarzerle erfüllte ihre ovale Form, die Traubenkirsche ihre elliptische, der Faulbaum seine eiförmige. Alles nach einer Ordnung, die schon in den Tiefen des Holozäns angelegt worden ist – wechselständig, gegenständig oder kreuzständig. Die Grenze der entstehenden Form verlief am Rande des Blattes, manchmal war sie gekerbt, manchmal gezahnt, seltener ganz, das heißt, unzerteilt. Es hat sich gelohnt, dass ich im Winter die Form der Triebe und die Eigenschaften der Knospen studiert habe – jetzt weiß ich Bescheid, was sich im Blickfeld tut. Und auch in den Wäldern, die nicht zu sehen sind.

Ich ging, und in den Ohren hatte ich *Cuculus canorus*, *Sylvia atricapilla* und *Luscinia species*. *Erithacus rubelcula*, *Turdus musicus* und *Turdus merula*. *Locustella fluviatilis*, *Locustella luscinioides*, *Crex crex*. *Columba palumbus*, *Fringilla coelebs* und die drei Species *Parus*. So klang es: ziemlich lateinisch, nur gesungen – mal laut, mal leise, bald legato, bald staccato, und alles zusammen innerhalb von zwei Minuten. Ich brauchte ein zusätzliches Paar Ohren und Augen. Und zum Schluss – die ersten drei Bässe in diesem Jahr: *Bombus bombus*, die Hummel.

BUSBAHNHOF Nichts ist imstande, die Leere auf dem Busbahnhof in Dubienka zu stopfen. Der Platz verlangte nach einer Menschenmenge. Ähnlich wie die drei Bänke und der große Wartesaal, wo die Busse abfuhren. Die Schriftzüge, deren Buchstaben aufmerksame Blicke erforderten, sogar der kümmerliche Fahrplan, bereit, auswendig gelernt zu werden. Die Kasse existierte nicht ohne Kassiererin. Die Orte waren mit dem Vakuum nicht einverstanden, sie wollten besetzt werden. Ich ging umher, las laut vor, versuchte, die Leere auszufüllen, aber von wegen.

Die Gewissheit, dass heute kein Bus hier ankommen würde, ließ die Perspektive eines ruhigen Schlafs auf einer der Bänke entstehen. Und ich wäre eingeschlafen, wäre da nicht das erregte Storchenpaar gewesen, klappernd wie ein altes Auto. Sie kopulierten anscheinend im Schutz der Nacht. Der Ruhe ebenfalls nicht förderlich war das laute Familiengespräch beim Wodka, das aus dem Haus hinter dem Bahnhof kam. Ich ging hin, um zu horchen – sprachen sie Polnisch oder »Kosakisch«?

Sie sprachen Polnisch, aber sie tranken russisch. Mutter, Vater und Sohn. Ich ging lange an den Fenstern entlang und suchte wahrscheinlich nach einer Abweichung. Irgendwo musste sich ja etwas finden. Die Ehen waren häufig gemischt hier, es musste also Rudimente von Orthodoxie oder Judaismus geben. Wie bei der Frau aus dem Haus mit dem Kreuz, die durch das Wort *ptaszka* für Vogel (ein weibliches Nomen, statt des polnischen – männlichen – *ptak)* verriet, dass sie eine ostslawische Sprache kannte, in der der Vogel weiblich ist.

Die Schraube an jenem Kreuz war sehr alt, eine geschmiedete Schraube von vor dem Krieg. Und die Inschrift auf Kyrillisch. Die Familie des Mannes war also orthodox. Vielleicht wurde er dank der Ehe mit ihr, einer Polin von jenseits des Bugs, während der »Aktion Weichsel« nicht deportiert? Die Nacht und die Müdigkeit erlaubten mir nicht, den Gedanken fortzuführen.

ÜBERNACHTUNG Die Bewohner alter Häuser nehmen gern Übernachtungsgäste auf. Die Eigentümer neuer Villen dagegen sind nicht erpicht darauf, Anzeigen auszuhängen. Wenn man sie fragt, lächeln sie mitleidig, wenn manche auch so nett sind zu sagen, im nahe gelegenen Städtchen gebe es ein Hotel. In diesem Teil der Welt nimmt man nicht einfach so Unbekannte für eine Nacht auf.

Es sind fast immer alte Häuser. Es gibt Holzhäuser mit Ofen und gemauerte Häuser mit Zentralheizung. Sie verströmen unterschiedliche Gerüche und machen es dadurch leichter, die Erinnerungen zu ordnen. Die Wände der gemauerten sind oft von Mustern bedeckt, die mit Handwalzen in Kreidefarbe aufgetragen wurden. Die Muster sind sehr unterschiedlich, ein häufiges ist eine Traube von Früchten, vermutlich von wildem Wein, *Parthenocissus inserta* oder *quinquefolia*. Aber auch Ornamente von nicht zu bestimmenden Pflanzen oder beliebige Variationen von Punkten und Strichen treten auf. Das hat nie jemand beschrieben oder klassifiziert.

205

Niemand hat nach den Schöpfern dieser Kreationen geforscht oder sich gefragt, woher die Permutationen in ihren Köpfen kommen. Aus der Polychromie der Kirchen? Aus dem Garten? Es gibt kein Album, keinen Katalog, die Etnographie hat hier gravierende Lücken.

IKONOSTASE Ich erwachte wie immer zwischen den Seiten. Zwischen vorne und hinten, zwischen oben und unten, in einer Mitte, die vielen jedoch nicht genügt. Zwischen Norden und Süden, flankiert von Osten und Westen. In der Mitte verschlossen, hätte ich zufrieden sein sollen, eindeutig platziert wie ein Kern. Aber es war eher der Kern der Unsicherheit.

Es war gerade Sonntag, daher ging ich zur orthodoxen Kirche, an den Ort, wo noch im Winter die Tafel mit der Inschrift gestanden hatte, die das Zentrum von Dubienka anzeigte. Die Tafel gab es nicht mehr, und so erschien auch das Zentrum uneindeutig und verkümmert. Ich suchte eine Begegnung – die immer an einem ORT geschieht. Sie ereignete sich schnell. Ein Feuerwehrmann, etwa vierzig, aus Dubienka. Über die Kirche wusste er nur, dass dort eine Ikonostase gewesen sei. Schön wie im Himmel. Aber einer, ein geistig Behinderter, habe sie in Stücke zerteilt. Mit einer kleinen Holzsäge. Das war eine Menge Arbeit, denn die Säge war winzig. Drei Tage habe er geschuftet. Ob er auch die Ikonen zersägt hatte, wusste

der Mann nicht, er habe nur gesehen, wie er die Ikonostase zersägte. Und danach hat er sie verbrannt. Nein,
nicht einfach so, er heizte das Haus damit. Eine heilige
Wärme hatte er da, heiliger Rauch stieg in die Luft. Ja, er
lebt noch, klar, bis heute. In Dubienka.

Woher wusste der Feuerwehrmann, dass ich nicht
fragen würde, warum er den Vandalen nicht gehin-
dert habe? Warum er die Ikonostase nicht rettete? Das
Feuer nicht löschte? Er nahm an, dass wir vom selben
Schlag seien. Dass wir zu denen gehörten, die sich um
das Schicksal einer Ikonostase keine Gedanken machten. Er redete wie zu einem der Seinen, einem Einge-
weihten – es war ein Gesetz des Schweigens, eine Art
Omertà. Dadurch fühlte ich mich dazugehörig, wie ein
Einheimischer, aber gleich darauf auch verantwortlich,
mitschuldig. Deshalb fragte ich nach den Kreuzen. Das
war die Sühne.

Ich fragte nach den Kreuzen mit dem Querbalken
auf der Höhe der Füße des Herrn Jesu. Nach orthodoxen Kreuzen, die musste es doch hier gegeben haben.
Warum waren keine zu sehen? Die Leute verwiesen auf
Krieg, Zeit, Wind und Wasser. Jemand sagte, es seien
die Deutschen, die Russen, die Schweden gewesen. Eine
uralte Frau mit einem Strohköpfchen auf dem dünnen
Pflock des Halses, die nicht einmal mehr ihren Blick im
Griff hatte, erwiderte: »Ich bin erst vor paar Jahren her-
gezogen.«

»Kreuze? Orthodoxe? Ja klar, die hat es gegeben, aber da gab's einen, der war gaga, der hat sie herausgerissen und irgendwo hingeschleppt.« Gaga soll heißen: geistig behindert? »Genau. Ich hab gesehen, wie er eins getragen hat, ein hölzernes. Hier, hinterm Gesundheitszentrum kam er hervor, neben der Schule, hinter der orthodoxen Kirche. Vielleicht vom alten Friedhof, die Friedhöfe sind ja immer in der Nähe der Kirche. Zuerst dachte ich, das ist ein Wunder: Das Kreuz bewegt sich wie die Büsche. Dann, dass da jemand mit einer Sense geht, aber ich guck hin: Nein, da trägt ein Mann ein Kreuz. Wie der Herr Jesus es nach Golgatha getragen hat, über der Schulter. Es war frühmorgens. Sie sagten, vom Friedhof hätte er auch welche fortgetragen.«

Für einen geistig Behinderten hatte er ein klar gestecktes Ziel. Er realisierte es über lange Zeit. Und erreichte es. Er beraubte das Blickfeld eines Symboles. Eines orthodoxen. Aber wie kam es, dass die ohne Querbalken ihn nicht interessierten? Sie standen unangetastet. Nur die mit Querbalken waren seine Obsession. Und der Balken ist manchmal so klein, dass man ihn kaum sieht. Interessant, was das für eine Krankheit war, die ihm befohlen hat, ein Symbol zu zerstören. Vielleicht war er der Meinung, dieses Symbol habe in Dubienka keine Bedeutung. Es sei hier überflüssig. Aber für solche Überlegungen brauchte er einen gesunden Verstand.

Ulica Horodelska, die Straße nach Horodło. Man

muss sich auf ihr befinden, um zu begreifen, dass dies der Ort ist, wo einst die Straße von Horodło nach Dubienka verlief. Die Horodelska führte an ein Flüsschen und brach dort ab, ihrer Brücke und ihrer Fortsetzung beraubt. Wollte man sich die Fortsetzung vorstellen, würde sie zu der nahe gelegenen 816 führen. Sie war also älter als der Abschnitt, auf dem ich in die Stadt gekommen war und einzuschlafen versucht hatte. In der Nähe erstreckte sich die »Vierhundert-Jahre-Siedlung«. Aber vierhundert Jahre von was?

Der Passant wusste es nicht, aber er enthüllte ein anderes Geheimnis: Die Vierhundert-Jahre-Siedlung – das war der ehemalige jüdische Friedhof. Die Leute hatten auf dem Gebiet des Friedhofs gebaut. Und da, wo sich früher ein Unternehmen befunden hat, war ein Massengrab. Genau dort hatten die Leute mit den Maschinenpistolen gestanden, da wo die Kiefern wuchsen. Dort hatten die Erschießungen stattgefunden. Ja, jetzt wohnte man dort, irgendwie wohnte man dort. Wo sollte man auch wohnen? Alle wollten möglichst nahe an Dubienka wohnen.

NAHE In der Nähe. Unweit. In der Umgebung. Ähnlich wie »Reichweite« sind diese Wörter nicht exakt zu definieren. Was ist das – die Umgebung? Die Welt, die etwas umgibt. Sie kann näher oder entfernter sein. Mir scheint, die Umgebung reicht bis dahin, wo man noch das Bellen der Hunde hört. Die Nähe ist quasi ein Stück näher in der Entfernung. Und »unweit« ist näher als bis ans Ende der Weite beziehungsweise der Ferne. »In Reichweite« dagegen ist das, was man mit der Hand erreichen kann.

HERR JAN Unter der angegebenen Adresse in Husynne sah ich zwei Menschlein, vielleicht die Helden des Gedichts von Leśmian. Man sah, dass sie untrennbar waren wie Subjekt und Prädikat. Sie bildeten eine klare und verständliche Aussage: Wir sind vierzig Jahre zusammen, und das ist gut so. Der ältere Herr hieß Jan Klekot. Er ist es, der die Zerstörung der orthodoxen Kirche von Husynne beschrieben hat, in dem hervorragenden Buch mit dem Titel »Husynne«. Noch nach Jahrzehnten empörten ihn die Ereignisse. Nein, die Bilder hatte er kaum mehr im Gedächtnis, eher die Geräusche: die Schreie, Klagen, Befehle, Verwünschungen. Auch an das Dröhnen der Stöße mit dem Rammbock erinnerte er sich. Und daran, was sein in der Nähe stehender Vater gesagt hatte: »Jetzt wird es keinen Frieden mehr geben.«

Ich fragte nach dem verwüsteten Friedhof, der leicht zu finden ist, an der 816, bei der alten Kapelle. Einer hatte sich bei der orthodoxen Kirche befunden, den hatten sie zusammen mit der Kirche entfernt. Und der zweite lag eben direkt hinter der Kapelle. Dort hatte es viele Metallkreuze und andere Eisenteile gegeben, die hatten die Leute geklaut und als Schrott verkauft. Die aus Stein und aus Holz waren für den Verkauf nicht geeignet, die wurden einfach zerstört oder irgendwohin gebracht. Besonders ein Mann – er erwähnte den Namen – hatte die Kreuze weggeschleppt. Ob er geistig behindert gewesen sei? Nein, eher nicht.

Dieses Mal sah die Straße wie eine zuverlässige Prophezeiung aus, eine sehr nahe Zukunft. Keine Fragen, keine Zweifel, einfach nur das Gehen. Die Straße teilte die Welt gerecht und gleichmäßig, zeigte den Osten, legte den Westen offen, und als sei diese Wohltätigkeit noch nicht genug, führte sie nach Norden. Den deutlichen, wenn auch unerreichbaren Norden. Manchmal bot sie verschiedene mobile Wirklichkeiten an, die den Gehenden entführten, bis er sich anderswo wiederfand. Das Wort »anderswo« war dort besonders wichtig.

Zwei Monate darauf ist Herr Jan gestorben.

KÄNOZOIKUM

EPOCHE Das Bewusstsein war irgendwo weit weg, als ich an der Haltestelle hinter Drohiczyn zögernd erwachte. Ich wusste nicht, welches Datum wir hatten, welchen Tag, ich wusste nur – es war das Känozoikum, Abschnitt Quartär, Epoche Holozän. Nach dem Mittagessen. Känozoikum klang besser als Juli, es gab die Einteilung der Zeit, die Vergänglichkeit besser wieder. Das Känozoikum hatte vor fast siebzig Millionen Jahren begonnen, nach dem großen Aussterben in der Kreidezeit. Was war dagegen schon der Juli 2015? Das Känozoikum wird auch die Ära der Säugetiere und Insekten genannt, außerdem der Blütenpflanzen, weil alle diese Organismen sich damals intensiv entwickelten. Also stand ich auf, um mich ein weiteres Mal zu vergewissern, ob es stimmte, ob die Ära der Blütenpflanzen oder auch Samenpflanzen noch anhielt.

Es gab sie noch, die Samenpflanzen, in voller Blüte. Eben dort, nach diesem Schläfchen, wurde mir klar, dass die Pflanzen an den Stellen wuchsen, wo vorher die Samen hingefallen waren. Dass sie dort herauskamen, wo

Achänen, Nussfrüchte und Flügelchen gelandet waren – sie keimten und blühten. Bald würden sie Früchte tragen und sich aussäen, den einmaligen Ort multiplizieren, aus dem der Wurzelhals ragte. Eine Vermehrung von Punkten, so deutlich und blendend, dass sie für einen Moment die Geometrie der Asphaltstraße ins Wanken brachte. Es war der neunzehnte Tag des Monats Juli, ich erinnere mich. Im Juli und im Juni blühen in Polen die meisten krautigen Pflanzen.

Und es wurde mir klar, dass auch der Mensch seinen Ort »austrägt«, weiterverbreitet, oder auch seine Anwesenheit, schwer zu sagen, was das genau ist. Das eine wie das andere erschien angesichts des Känozoikums ziemlich unwichtig, unverständlich. Einen Ort konnte man ja quasi anwärmen; aber woher soll man so viel Wärme nehmen, wenn man den ganzen Tag geht, wenn auch nur zwanzig Kilometer, woher also die Wärme nehmen, dachte ich. Und diese Perspektive von Millionen Jahren, das konnte nicht gutgehen. Und die Anwesenheit? Weshalb war sie obligatorisch? In der Perspektive des Holozäns gab es dafür wohl keinerlei Notwendigkeit.

Weiter überlegte ich nicht, weil dann Siemiatycze kam.

SIEMIATYCZE

Als ich die Stadt betrat, verließ die Sonne sie gerade. Ich hatte keinen Fotoapparat dabei, und so schaute ich aufmerksam und langsam. Nein, es war keine buddhistische Achtsamkeit, kein Zen, sondern eine ganz normale polnische, die schon Mikołaj Rej bekannt war und von ihm beschrieben wurde. Ich war also achtsam wie Mikołaj Rej. In der Krone eines Ahorns stöberte ein Kleinspecht, *Dentrocopos minor*, der kleinste Specht dieses Erdteils, ausgerechnet in Siemiatycze, in der Straße der Roten Armee. Der Kleinspecht ist ähnlich gefärbt wie zwei größere Spechte: der Buntspecht und der Mittelspecht; daher sieht er ein wenig aus wie ein Kind von ihnen, wie ein Grünschnabel. So klein, dass er fast unwirklich ist. Ich schaute lange und aufmerksam, weil ich keinen Apparat hatte.

Weiter ging es auf der Straße der Roten Armee bis zu einer Stelle, wo ein toter Girlitz lag, *Serinus serinus*. Daneben verrottete ein leeres Holzhaus. Solange es nicht zusammenbrach, nutzen die Leute die Fläche seiner Wände für Anzeigen und Bekanntmachungen und das

Innere als Müllhalde. Wahlplakate, handgeschriebene Einladungen und eine Mitteilung der Sanitärstation. Die Hütte triefte vor Informationen, vor Inhalten, die nicht mehr aktuell waren. Es sah aus, als hätte es den Menschen an Platz zum Schreiben gefehlt, als hätten sie die ganze Welt vollschreiben wollen. Der Girlitz, *Serinus serinus*, war jung gestorben, ein rasendes Auto musste mit ihm zusammengestoßen sein.

Auch hier konnte ich mich nicht gegen das Bedürfnis wehren, ein Zentrum oder irgendeinen Punkt zu finden, von dem aus man sich die Topographie der Stadt vorstellen und den Eindruck haben könnte, die Umgebung zu beherrschen. Das ist ein angenehmes Gefühl, ähnlich dem des Studierens einer Landkarte. Es setzt eine Omnipräsenz voraus. Außerdem gibt uns das Finden einer Mitte das deutliche Gefühl, dass die Reise zu Ende ist. Deshalb musste ich auf der Straße der Roten Armee weitergehen, die sich plötzlich als Straße des 11. Novembers erwies. So hieß die Hauptarterie der Stadt, ohne Zweifel. Gleichzeitig lag die Stadt anderswo. Sie war von weitem zu hören, aus dem Tal des Flüsschens Kamionka, das nach Süden floss, zum Bug.

An seinem Steilufer entdeckte ich zwei neue Gotteshäuser: eine orthodoxe und eine katholische Kirche. Sie waren außergewöhnlich hoch und stattlich, man hätte sie auch unbescheiden nennen können. Ihr Bestreben, ein Extremum im Blickfeld zu bilden, erinnerte an das

Verhalten niedererer Gottesgeschöpfe, zum Beispiel des Mäusebussards. Der Mäusebussard toleriert in der Regel nur ungern andere Vögel, die versuchen, sich auf die höchsten Bäume in seinem Brutrevier zu setzen. Ja, in Siemiatycze gab es wohl zwei Reviere. Die Kirchen versuchten offensichtlich, sich gegenseitig zu übertreffen, jede wollte höher, emporstrebender, dem Himmel näher sein. Weiter von der Erde entfernt.

Ich notierte mir, woraus dieses Siemiatycze gemacht war, denn es schien irgendwie gespalten zu sein, wie die Natur Christi. Der Anblick der Stadt verschwamm manchmal, dann erstarrte er wieder, wie durch doppeltes Glas betrachtet. Siemiatycze war aus Dorf und aus Stadt gemacht, aus Holz und aus Stein, sogar aus zwei Kulturen – der katholischen und der orthodoxen. Die Leute maßen hier die Zeit nach unterschiedlichen Kalendern. Osten traf hier auf Westen, wovon auch die Nummernschilder mit B für Belgien und BY für Weißrussland zeugten, aber es war keine Stadt in der Größenordnung Istanbuls. Nein, kein Tor zum Osten, eher ein Gartentürchen. Und boshafte Zungen könnten auch sagen: ein Loch im Zaun zum Osten.

HÄUSCHEN Man könnte lange durch die Ulica Grodzieńska, die Grodner Straße gehen, zwischen dem Busbahnhof und dem Platz des Papstes Johannes Paul II., und versuchen, ihr ursprüngliches Aussehen zu rekonstruieren. Was hat früher an der Stelle des großen Hotels gestanden? Das Missverhältnis zwischen dem modernen Klotz und der schäbigen Einkaufsbaracke in der Nähe war unerhört. Damals und jetzt, dort und hier. Die zwei Arten von Kalendern, die in den Häusern von Siemiatycze hingen. Doch du wirst dir sowieso nur merken, dass im Namen der Ulica Grodzieńska unverhofft die Richtung nach Grodno überlebt hat und dass die Tür eines der Holzhäuser erikafarben gestrichen war.

Vielleicht noch die Reste des »Immer« an dem kaputten Häuschen in einer der Querstraßen. Das »Immer« wurde hier zu oft ausgesprochen, zu überheblich. Es war nicht viel geblieben von dem Adverb, es zerfiel, und dieses Ende nahm die ungeometrische, pulverige Form von Mulm an. Ohne Flächen, Linien, rechte Winkel. Winzige Späne aus den Gängen des Holzwurms, Staub, Materie, die sich nur noch zum Verstreuen eignet, für einen weiteren Zyklus. Ja, das »Immer« rieselte wie in einer Sanduhr. Die Leute waren schon längst ausgezogen, aber das Ende setzte erst jetzt ein, da ein Inhalt ohne Form zunichte, buchstäblich »zu nichts« wurde. Am deutlichsten zerfielen die Rechtecke und zusammen mit ihnen der in ihren Seiten beschlossene Goldene Schnitt.

NACHT Ich fand keinen rationalen Grund dafür, für eine Übernachtung ganze achtzig Zloty zu zahlen. Das abendliche Siemiatycze bot viele Winkel und Nischen, in denen man eine Julinacht für lau verbringen konnte. Das sagte ein Hausherr, als ich ihm vorschlug, dass ich unentgeltlich in seinem Schuppen übernachten könnte. »Für lau?«, fragte er. Ich studierte also fleißig die Topographie der Stadt, auf der Suche nach einem abgeschiedenen Ort, ein wenig wie die Raupe eines Schmetterlings vor der Verpuppung und ein wenig wie ein lichtscheuer Käfer.

Die Bänke am Stausee sahen vorzüglich aus, aber dort lief gerade der Film *Forrest Gump*, und das Ufer war von Zuschauern belagert. Gegenüber dem nahe gelegenen Restaurant standen drei Reihen Autos, die meisten mit belgischen Nummernschildern. Jungs in modischen Klamotten balzten vor reifen Mädchen, manche Typen redeten lautstark in Grüppchen. Sie alle glichen einer Schar bunter Vögel bei der nächtlichen Balz. Die herausragendsten Männchen würden zum Geheimnis des

Lebens Zutritt bekommen, in den Höhlen der Autos oder im Schutz eines nahe gelegenen Zimmers. Aus den dunklen Fenstern einer Wohnung unweit der Diskothek drangen wilde Schreie unkontrollierter Begeisterung. Sie erinnerten an die Rufe der Kraniche und bezeugten, dass ich richtig lag.

Ich brauchte also einen Platz für die Metamorphose. Die Haltestellen am Busbahnhof hatten ein Dach und drei Wände, waren aber zu grell illuminiert. Der Park am Platz des Papstes schien mir ebenso hell und war außerdem schon von zwei einheimischen Paaren besetzt, die nach ihren Körpern gierten. Auch um das Kloster herum war viel Licht, und zu allem Überfluss gab es keine einzige Bank. Dunkelheit herrschte erst zwischen den Bäumen an der Hochschule.

Ich legte mich auf eine Bank, wie Tausende vor mir, den Rucksack unter dem Kopf. Der Rücken des Buches »Über die Bewegung der Lebewesen. Über die Fortbewegung der Lebewesen« von Aristoteles drückte ins Ohr. Der Philosoph behauptete, Bewegung sei ohne die Seele unmöglich. Und Unbeweglichkeit? Das Licht der Laterne zeigte ein bescheidenes *theatrum insektorum*, das sich direkt unter der Bank abspielte. Ein Weberknecht, dieser spinnenähnliche Schlingel, jagte mit seinen langen Beinen jemandem hinterher in die Dunkelheit. Gleich darauf eilte von dort ein verirrter Ohrwurm auf die Bühne. Die Helligkeit lockte auch eine kleine Heuschrecke an, deren Namen ich sicher nie erfahren werde. Zwischen den Platten des Bürgersteigs hatte sich eine Kellerassel verkrochen, als wollte sie dort übernachten. In verschiedenen Kulturen der Welt sind Vögel die Geleiter fremder Seelen, *psychopompoi*, aber auch manche Insekten besitzen diese Fähigkeit.

Das Zentrum von Siemiatycze fand ich nicht. Weder auf dem Platz des Papstes Johannes Paul, wo die Straße nach Białystok abgeht, noch vor dem Hotel Kresowiak, nicht einmal auf dem Manövrierplatz der Busse. Es kann gut sein, dass es zwei gibt: in der katholischen und in der orthodoxen Kirche, und vielleicht noch ein drittes – vor der Disko. Am besten trägt man die Mitte also bei sich. Die ganze Zeit, sogar im Schlaf.

DER HEILIGE BERG Ich erwachte mit dem angenehmen Gefühl, achtzig Zloty gespart zu haben. Die Kellerassel war weg. Vom Himmel trennte mich nur die Krone des Ahorns. Der aufgezeichnete Teil der Aussicht meldete, dass sich ringsum der Park der Fürstin Anna Jabłonowska aus dem Hause Sapieha erstreckte. Sie hatte vor den Teilungen Polens den Park angelegt. Ihr verdankte die Stadt auch ein Kloster, eine Synagoge, eine evangelische Kirche, ein Krankenhaus und eine Hebammenschule und natürlich das Schloss. Die naturkundlichen Sammlungen besuchten Kołłątaj und Krasicki. Auch eine Bibliothek soll existiert haben. Wer sie wohl verbrannt hat? Die Deutschen, die Iwans oder die Kosaken?

Das Frühstück fand auf dem städtischen Friedhof statt. Zwischen alten Gegenständen – Denkmälern, Grabsteinen und Kreuzen. Zwischen Fotografien aus alten Zeiten, seltenen Namen und schwer vorzustellenden Daten. Ich musste aufmerksam und langsam schauen, weil ich keinen Fotoapparat dabeihatte. Der Hunger und die leichte Unausgeschlafenheit schärften die Sinne, kamen dem Sehen zugute. Die Ansammlung von Erinnerungen, Daten, Namen und Orten war überwältigend. Sie erhob Widerspruch gegen all die Veränderungen und Prozesse, gegen die Unwissenheit bezüglich der Ereignisse, die einst hier stattgefunden hatten.

Die orthodoxen Kreuze trennte eine steinerne Mauer von den katholischen Kreuzen. Als könnten sie nicht zusammen hier ruhen. Aus irgendwelchen Gründen wollten oder durften sie es nicht. Als glaubten die Leute, die Zersetzung des Gewebes würde bei Menschen unterschiedlicher Bekenntnisse verschieden ausfallen. Glaubten sie auch an unterschiedliche Himmel und unterschiedliche Höllen? Oder vielleicht hatten die Kreuze, ähnlich wie manche Pflanzen, feindliche allelopathische Eigenschaften, die bewirkten, dass keine anderen Kreuze neben ihnen wachsen konnten? Die einen wie die anderen tolerierten nur Symbole derselben Gattung.

In dem kleinen Tal zwischen der orthodoxen und der katholischen Kirche, über einem Bach, betete auf ihre Art eine Singdrossel. Von der einen Seite war die Liturgie in Altkirchenslawisch zu hören, von der anderen in »Altkirchenpolnisch«, und mittendrin die Drossel. Die Töne vermischten sich, Worte und Pfiffe verbanden sich, und es entstand eine liturgische Kakophonie. *Spiritus sanctus, Gospodi pomiluj* und *Turdus musicus. Hosianna, radujsja* und ein anderer *Turdus*, diesmal *Turdus merula*, die Amsel. Herrlich, einzigartig, man wollte geradezu beichten und das Sakrament empfangen. Eine morgendliche *Missa pagana*: Gloria, Sanctus und Kommunion.

Auf dem Weg von Siemiatycze zum heiligen Berg von Grabarka schien sich eine der kümmerlichen Theorien zur Herkunft des russischen Wortes *babotschka* für Schmetterling zu bewahrheiten. Nach dieser Theorie sollte *babotschka* von *babuschka* (Großmutter) kommen. Angeblich glaubten die Urslawen, die Schmetterlinge seien Inkarnationen ihrer verstorbenen Großmütter, kleine bunte Psychopompoi. Schmetterlinge gab es hier in Mengen, sie alle zogen nach Grabarka. Tagpfauenauge, C-Falter und Admiral. Perlmutterfalter und Widderchen. Braun-Dickkopffalter und Dukatenfalter. Kohlweißling und Zitronenfalter. Auf der Böschung lag ein Flügelchen des *Malanargia galathea*. Die Namen flogen unruhig umher, als hätte der Wind Notizen aus der Insektenkunde verweht. Man musste achtsam und langsam schauen, um all das zu lesen und in Erinnerung zu behalten.

Das Betrachten der Schmetterlinge ist anders als das Betrachten der Vögel. Schmetterlinge singen leider nicht. Sie werfen keine Blicke und drehen nicht den Kopf. Ihre Bewegung im Raum ist vollkommen anders. Sie verlieren keine Federn, weil sie statt eines Gefieders winzige Schuppen haben. Sie verraten keine Gefühle wie zum Beispiel Angst, aber angesichts ihrer Freude ist es schwer, gleichgültig zu bleiben. Wichtig ist, dass sie im Flug nicht scheißen, wie viele attraktive Vögel es tun, was hin und wieder das Blickfeld verdirbt und unsere Begeisterung lächerlich erscheinen lässt.

»Die glanzvolle Zeit des Dorfes Sycze ist schon lange ...«, notierte ich gerade, als hinter der Kurve zwei *babotschki*, nein, Babuschki hervorkamen. Die eine, dunkelgelb mit schwarzem Karo, erinnerte an einen Scheckenfalter, den Ehrenpreis-Scheckenfalter oder Skabiosen-Scheckenfalter, die andere stolzierte in weißlich-sandfarbenem Ton, mit schwarzen Inkrustationen, wie ein Nonnenfalter oder auch ein *Thumatha senex*. Sie redeten Weißrussisch, ich verstand nur das Wort »Hase« und »herausgesprungen«, offensichtlich sprachen sie über den von einem Auto überfahrenen Feldhasen, der in der Nähe verrottete. Dennoch war ich fast sicher, dass sie auch über mich sprachen. Ich verbeugte mich also wie verrückt, tief und schwungvoll.

Der liebe Gott hat sich, wie auch viele andere Götter, häufig Berge oder Erhebungen ausgesucht für die Erledigung wichtiger Dinge. Als sollte die Topographie ihm helfen, als sollte sie das Gewicht der Tat und auch seiner Person unterstreichen. Ähnlich war es auf dem Berg Grabarka, in der Nähe des kleinen Dorfs mit demselben Namen, im Wald hinter Siemiatycze. Schon seit dem Mittelalter haben sich dort angeblich orthodoxe Mönche aufgehalten; sie besaßen eine Ikone von Christus, dem Erlöser, in deren Gegenwart Wunder geschahen. Besonders zahlreich sollen die Wunder in der Zeit der Cholera-Epidemie gewesen sein, vor etwa dreihundert Jahren. Der Berg ist der wichtigste Ort des orthodoxen Kultes in ganz Polen.

Ist im Christentum je etwas Wichtiges unten passiert? Am Fuß des Berges stand ein Bus, die Gläubigen aßen belegte Brote, zerbrechliche *babotschki* badeten ihre Beinchen in der Quelle. Wahrscheinlich in derselben, deren Wasser im 18. Jahrhundert die Cholera heilte. Daneben stand eine Pumpe mit Überdachung, hier konnte man trinken oder Wasser in eine Flasche abfüllen. Einer der Heiligen, deren Gesichter die Tränke bewachten, war Gabriel Zabłudowski. Der rechtgläubige Junge war vor Jahrhunderten unter ungeklärten Umständen in Zabłudów umgekommen. Es hat sich so ergeben, dass man es den Juden in die Schuhe schieben konnte.

Später stiegen die Babuschki auf den Berg, zwischen Kiefern, die so alt waren, dass sie ehrwürdig genannt werden durften und vielleicht sogar zu einem Kult taugten. Der Berg war nicht hoch, aber für ältere Leute konnte er doch eine Herausforderung darstellen. Über ihnen, hoch oben, kreiste ein Weißstorch, wieder ein Psychopompos, aber diese spezielle Funktion brauchte hier niemand. Auf dem Gipfel, um die Kirche der Verklärung des Herrn, wuchs ein Wald von Kreuzen, eigentlich ein Wald von Bitten. Als lebten die Kreuze und Bäume hier zusammen in der Fürbitte um die Gesundheit von Johanna und Katharina, um Glück für die Feuerwehrleute, um Sicherheit für die Grenzer und selbst für den Brandstifter von Czarna. Ich schaute lange und aufmerksam, weil ich keinen Apparat, sondern nur die Augen hatte.

Eine der Großmütter wollte etwas auf ein Kreuz schreiben, sicher eine Fürbitte hinzufügen, vielleicht einen Namen. Aber ihr Stift ging nicht. Rasch holte ich meinen hervor, reichte ihn ihr und sagte auf Russisch:

»Babuschka, hier ist ein Stift.«

»Danke, mein Söhnchen, ich brauch keinen«, belehrte sie mich. »Wenn er nicht schreibt, heißt das, ich brauch keinen.«

Wahrscheinlich meinte sie, dass Jahwe selbst nicht wünschte, dass etwas hinzugefügt werde. Ich beneidete die alte Dame um diese Gewissheit, darum, dass sie Zeichen lesen konnte, um ihre enge Verbindung zum Gott Abrahams, Isaaks und Jakobs. Obwohl sie den Psychopompos eher nicht gesehen hatte.

Auf den im Wald gelegenen Feldern zwischen Grabarka und Mielnik konnte man die Phänologie, die Lehre von der Beobachtung der Entwicklung der Naturerscheinungen, leicht mit der Phänomenologie, der Lehre vom Sichtbaren, von den Erscheinungen verwechseln. Wahrscheinlich weil die Anschauung, das Sichtbare der Erscheinungen beide Gebiete verbindet. Die Phänologie beschäftigt sich mit dem Keimen, dem Blühen und dem Früchte-Tragen. Mit dem Fallen der Blätter, den Wanderungen der Vögel und dem Winterschlaf-Halten. Die Phänomenologie dagegen mit der Beschreibung all dessen, mit einer Beschreibung, die jeglicher Annahmen, jeglichen Wissens oder jeglicher Vorurteile entbehrt. Beschreiben soll man so, als sähe man zum ersten Mal im Leben.

Ich betrat das Städtchen Mielnik, wie die Phänomenologie es verlangt, frei von jeglichem Wissen über den Ort. Und wie die Phänologie es verlangt, schaute ich mir Blüten, Triebe, Blätter und Keime von Früchten an und brachte sie mit der Jahreszeit in Verbindung. Ich hielt Ausschau nach den Vögeln über dem Bug und nach den ersten gelben Blättern. Und nach einem Platz zum Schlafen, für die Metamorphose, wie auch die erfahrenen Ältesten es taten, das heißt die Insekten. Ich schaute aufmerksam und langsam, weil ich keinen Apparat dabeihatte. Meiner Pflicht des Daseins kam ich hervorragend nach, etwas übereifrig. Und so bestellte ich gebratene Blutwurst und griff nach den Gedichten von Czesław Miłosz. Er kannte wie viele Schamanen, das wage ich zu behaupten, die Beschäftigung des Psychopompos ganz genau.

MIELNIK Wärmeliebende pontische Pflanzenwelt, xerothermische Rasen und Sauerkirschen für zwei
Zloty. Eine katholische und eine orthodoxe Kirche, eine
Synagoge. Finger-Kuhschelle, Büscheliges Gipskraut und
Bergaster. Tausend Einwohner, ein Kreidewerk, das Na-
turreservat Góra Uszeście. Eine schlanke Einheimische
mit außergewöhnlichen Schulterblättern, buchstäblich
wie zwei Blätter. Die junge Frau ist in einer Kultur aufge-
wachsen, wo sie gelernt hat, die Pobacken zu bedecken,
aber niemand hat ihr gesagt, dass sie den Rücken bedecken soll. Ein Schwätzchen mit einem Opa, der die Geschichte seiner Familie erzählte und die von geliehenen
Dingen, die er nicht zurückbekommen hat. Das laute
Gespräch eines Ehepaars auf Weißrussisch, auf dem
orthodoxen Friedhof. All das machte auf unerklärliche
Weise Mielnik aus. Am Ufer des Bugs, wie in den Sand
gesteckt, ragte ein Fischer mit Angel heraus.

Nein, er spricht nicht »auf seine Art«, wie die Orthodoxen die eigene Sprache bezeichnen. Die Frage gefällt
ihm nicht und die Sprache wohl auch nicht. Denn war-

um auch »auf seine Art«? Soll das heißen nicht »auf unsere Art«? Nicht so wie wir? Also anders. Dabei sollten doch alle gleich reden. In der Gemeinde Czeremcha hätten sie sogar schon Tafeln mit den Namen der Dörfer auf Russisch oder Weißrussisch gemalt. Und er konnte sich erinnern, dass während des Kriegszustands manche von ihnen Listen für den Beitritt zur Sowjetunion vorbereitet haben! Wie viele Orthodoxe gibt es in der Gemeinde Mielnik? Er weiß es nicht, da muss man auf die Wahlen schauen: Wer die PiS gewählt hat, gehört zu uns, der Rest – Sie wissen schon. »Und wen wählen Sie?«, fragte er unverhofft.

Es war besser, über die Bologneser Glockenblume zu reden, den Zottigen Spitzkiel und die Königskerzen: die Windblumen-Königskerze und die Violette Königskerze. Über die Rispige Graslilie, den Kicher-Tragant und die Gelbe Skabiose. Der Fischer wollte lieber über Fische reden: Der Wels legt den Laich nicht wie andere Fische irgendwo ab. Das Weibchen macht eine Art Nest, wo es Hunderttausende von Eiern ablegt, und das Nest wird vom Männchen bewacht, es sieht also aus, als gäbe es – ja genau – ein Territorium. Und das Seltsamste: Der Wels kann angeblich hundert Jahre oder mehr leben. Das heißt, länger als der Mensch.

ENTORTUNG Niemirów litt an einer Entortung. Es lag zwischen Mielnik, Weißrussland und dem Bug – scheinbar fern und unerreichbar. Gefangen in der Topographie und der Geopolitik. Ein wenig wie Australien, wie Spitzbergen, fast wie Chabarowsk oder das Dorf Oloko Kjuel im Kolyma-Gebiet. Ich musste es sehen, musste diese Lage auf der Landkarte selbst erfahren.

Der wichtigste Ort in Niemirów, das heißt die Stelle der Überfahrt, lag nicht innerhalb seiner Grenzen, sondern am Bug. Trotzdem sagten alle, das sei in Niemirów. Doch die Hauptbeschäftigung an oder auf der Fähre war nicht das Übersetzen, sondern das Warten. Ganz wie im Februar, als ich diesen Ort zum ersten Mal gesehen hatte, vom gegenüberliegenden Ufer.

Damals war die Fähre nicht da, es wartete eine Person, jetzt war eine kleine Menschenmenge am Ufer versammelt. Doch die Bezeichnung »Überfahrt« entsprach wieder nicht der Wirklichkeit, sie war nicht zutreffend, da die meisten warteten, statt überzusetzen. Dieser Umstand verriet eine gewisse Ohnmacht der Benennung, zugleich aber unterstrich er die Bedeutung der Fähre und der Überfahrt, den Drang ans andere Ufer.

Die Fähre nahm pro Fahrt nur wenige Leute und zwei Autos mit. Sie bewegte sich durch die Arbeit menschlicher Arme; zwei Athleten zogen mit Hilfe einer riesigen hölzernen Kelle mit einem ausgeschnitzten Rachen den Pott an einem gespannten Seil entlang. Dieses Gerät nahm schnell das Ausmaß eines Symbols an, es hätte auch das Wappen einer Zunft oder Gilde sein können. Ich wartete, um zu fragen, wie er heißt, dieser wunderbare große Löffel, aber der Steuermann sagte, er wisse es nicht.

Am anderen Ufer war der *mundus sensibilis* zu sehen, meine Erfahrungswelt, das heißt der Weg, den ich im Winter und im Frühjahr gegangen war: ein Stück Schotterstraße, hier und da mit Asphalt gesprenkelt, und die Wiesen bei Janów Podlaski. Später die Bitumenstrecken der Straßen 698 und 816, der rote Wanderweg, Feld- und Wiesenpfade, mit Knöterich, Sauerampfer und Löwenzahn. Die Dorfstraßen zufälliger Orte. Der besonders in Erinnerung gebliebene Abschnitt zwischen Horodło und Dorohusk, zum Teil verstärkt mit Schutt aus den orthodoxen Kirchen.

FÜR LAU Man merkt es, wenn der Sommer kommt, nach einem im Freien verbrachten Tag. Zum Beispiel aus der Perspektive eines trockenen Hügels, der mit Wacholdersträuchern betupft ist, zwischen denen ein wenig Gras wächst. Man merkt es besonders, wenn der Abend anbricht und die Nacht nahe ist – wie die Welt den Charakter eines Raums annimmt und sich in einen großen Innenraum verwandelt. Die Wärme, eine Eigenschaft des Innenraums, wird plötzlich zugänglich, ist überall, genau wie zu Hause: an der Haltestelle, auf der Weide, nachts, morgens und am Tag. Man kann zugreifen, ohne zu fragen und unentgeltlich, das heißt für lau. Der Unterschied zwischen Welt und Innenraum wird verwischt.

STRASSE 19 Es waren mehrere Namen, die die nördliche Richtung anzeigten: Mielnik, Koterka, Tokary, Klukowicze. Sie klangen nicht besonders exotisch, nicht wie am Ende der Welt, eher vertraut, und doch waren sie fremd genug, besser gesagt: unbekannt, und das genügte. Es reichte zu wissen, dass Mielnik von *mjel*, Kreide, kam, die dort bis heute gefördert wurde, dass in Koterka direkt an der Grenze eine orthodoxe Kirche stand und dass Tokary ein ehemals weißrussisches Dorf war, jetzt durch die Grenze geteilt. Um diese Fakten herum baute ich ganze Welten, entwarf Ortschaften, Marktplätze und Straßen und entfachte die Neugier, in der sicher das Wort »Gier« steckte, also der starke Wunsch, etwas Neues kennenzulernen, sich in die Richtung des Neuen zu bewegen. Und so ging ich, in voller Übereinstimmung mit der Sprache, erfreut von der Etymologie, mit jedem Schritt wurde ich meiner Theorie sicherer. Neugierig durch die Welt zu laufen war etwas, was meine Großmutter nicht mochte und wovor sie warnte.

In Klukowicze vor dem Laden, genauer gesagt, im

Schatten der östlichen Wand der ehemaligen Molkerei, konsumierten zwei in ein Gespräch vertiefte Männer Alkohol. Der eine hatte ein billiges Bier für 2,20 gewählt, der andere einen *schampanskoje igristoje*, einen Krimsekt für 5,40. Sie sahen aus wie Menschen, die den Imperativ der Arbeit mit einem Augenzwinkern betrachten und sich auch nichts aus der Meinung anderer Bürger machen, von denen an diesem Tag viele Alkohol tranken. Hoch über ihnen kreiste ein Mäusebussard oder ein Wespenbussard und schaute auf all das herab. Er war wirklich sehr weit oben, und es ließ sich nicht mit bloßem Auge erkennen. Eher ein Wespenbussard, denn der Kopf war deutlich vom Rumpf zu unterscheiden und geradezu schlank.

Der jüngere Mann sprach über einen Traum, über seinen Kindheitstraum, Moskau zu besuchen. Er wusste nicht, woher das kam, woher er dieses Moskau in seinem Kopf hatte, aber schon immer hatte er den Kreml sehen wollen, den Roten Platz, die Kathedralen und Lenin im Mausoleum. Der Traum hätte wahr werden können, als er vor vier Jahren TIR-Fahrer wurde, in einer Speditionsfirma, die im Osten operierte. Sein Chef vertraute ihm immer fernere Ziele an. Den ersten Kurs in die Vororte der russischen Hauptstadt nahm er als gutes Zeichen, doch er musste umkehren, um neue Ladung zu holen, und für Besichtigungen blieb keine Zeit. Und als er eine weitere Fahrt in Aussicht hatte, da lief auf einer Rückfahrt von Litauen, schon in Polen, der Motor heiß. Er hatte vergessen, Öl nachzufüllen, und wurde gefeuert. Und jetzt kann er nach Siemiatycze fahren oder nach Kleszczele. Aber nach Kleszczele, erklärte er dem Gesprächspartner, der offensichtlich kein Einheimischer war, seien es achtzehn Kilometer, nach Siemiatycze auch und nach Nurzec ebenfalls achtzehn. Nach Wysokie dagegen nur sieben! »Nur dass Wysokie hinter der Grenze liegt, schon in Weißrussland! Wer macht denn solche Staatsgrenzen!«, empörte er sich und mischte den Sekt mit Bier. »Dass die Leute es so weit in die Stadt haben!« Wie sollte die Grenze denn verlaufen? »Zeig die Karte, hier, siehst du – die Straße 19 von Siemiatycze nach Białystok über Hajnówka. Links von der 19 liegt Polen, der Rest – das sind wir.« Was heißt wir? »Na, die Hiesigen.« Was für ein unverhofftes »Hier«, dachte ich.

NAMEN Die Ulmen entlang der gepflasterten Straße von Klukowicze nach Osten banden den Raum oder, besser gesagt, die Leere der Felder stark und eng zusammen, zu kleinen Orten, an denen man bleiben wollte. Diesem Gefühl gaben zahlreiche Großmütterchen nach, die hier seit Jahren lebten und jetzt auf den Bänken im Ulmenschatten saßen. Bei den Kreuzen ging ich nach links. Das Dorf lag. Die Straße lief. Die Namen bezeichneten. Heute noch drei: Wyczółki, Zubacze und Czeremcha. Schon einer war genug, um die Neugier zu wecken, die Bewegung in diese Richtung zu provozieren, und hier warteten ganze drei.

HIER

»Ich bin von hier«, sagte er, und es war klar, dass ich nicht von hier, dass ich »von dort« war. Von jenseits des Horizonts, aus der weiten Ferne, aus einer Entfernung, die sie oft »scheißweit« nannten. Es war klar, dass mein »Dort« schlechter war als sein »Hier«. Und nicht genau bestimmt, nicht festgelegt, vage, ohne Grenzen. Man wusste nicht, was es dort für eine Kirche gab, was dort auf den Feldern wuchs, welche Menschen da lebten. Er war von hier, ein Teil des Hier, des Ortes, und er schien das auch von anderen Leuten zu erwarten. Dieses Hier war am Eingang zu dem Dorf, wo wir standen, es hatte einen Namen – Czeremcha, einen Ortsvorsteher oder so jemanden, einen Friedhof, einen Laden. Wozu durch die Welt fahren und den Tod suchen – ich hätte mich nicht gewundert, wenn er das gesagt hätte. Wir verharrten einen Augenblick schweigend, und wir waren uns ziemlich bewusst darüber, dass wir uns in einem scharfen Gegensatz befanden – wie der weite Raum und der Ort. Oder vielleicht sogar die nomadische und die sesshafte Lebensweise. Das hatte ich nicht er-

243

wartet, als ich nach ein paar Minuten eines freundlichen Gesprächs ziemlich unüberlegt nach seiner Nationalität fragte.

KLESZCZELE Ein Blick weckte mich, außer mir war noch jemand hier. Ich öffnete die Augen. Da schien die Sonne, sie war schon aufgegangen und erhielt, ähnlich wie gestern, den Schein der Bewegung aufrecht. Alles ringsum, Weide, Gras, Garten und Bank, triefte von Tau, die Welt sah aus, als sei sie in eine Falle aus Wasser und Licht geraten, die Grenzen wurden verwischt. Nebenan nahmen zwei Weinbergschnecken ihr Frühstück ein, eine dritte kletterte auf den Schlafsack und kittete mich mit dem Rest des Blickfeldes. Ich war für sie ein riesiges, schwerfälliges Säugetier, über das man ungestraft kriechen konnte.

Die Phänologie erregte keine Unruhe – nur einzelne Blätter hatten sich schon gelb gefärbt, die Schwalben waren eher einheimische, keine Zugvögel, wenn auch die Jungen schon fliegen konnten. Das Wachstum der Pflanzen hatte aufgehört, die Fruchtbildung ihren Höhepunkt erreicht, die Früchte gingen allmählich sogar in Zersetzung über und erweiterten so die Skala der Gerüche. Über Kleszczele, so hieß der Ort, hing der Geruch von

Äpfeln, Gurken, Kürbissen, Weintrauben, von nassem Gras und Abgasen – von der Hauptarterie des Städtchens.

Die Straße kam von Czeremcha, hieß Kolejowa, Bahnstraße, und führte offenbar schon seit langem nach Kleszczele. Erst kurz vor dem Flüsschen Nurzec kapitulierte sie, lief eine Weile am Ufer den Flusslauf entlang, als würde sie seine Überlegenheit anerkennen, die Überlegenheit des Wassers über die von Menschen gewählte Richtung. Die Brücke weckte Vertrauen, war für die Übernachtung geeignet, für das Verzehren einer Mahlzeit und sogar als Symbol. In Kleszczele selbst sah die Straße noch besser aus, sie schöpfte aus Seitenstraßen und Nebenwegen nach Dobrowoda und Policzna.

Die Asphaltstraße ins Dorf Dobrowoda hatte keinen feststehenden Namen. Auf den Schildern sah man Dobrywodzka, aber die Leute sagten Dobrowodzka oder sogar Dobrewodzka. Kleszczele existierte seit dem 16. Jahrhundert, das Dorf Dobrowoda ebenso lang, aber der Prozess der Namensbildung war noch nicht abgeschlossen, was mich mit einer gewissen Zuversicht erfüllte. Dort stand ein alter orthodoxer Bildstock, eigentlich ein Kreuz, um das drei uralte Bäume gefällt worden waren. Die Querschnitte verrieten Linde, Ahorn und Ulme. Vielleicht befürchtete derjenige, der sie gefällt hatte, dass der Bildstock zerfallen und die Leute dann die Bäume verehren könnten.

Irgendwo zwischen der Dobrywodzka, der Kościelna, also der Kirchstraße, und der Puschkinstraße dachte ich, das wär's jetzt eigentlich, das Wichtigste wusste ich jetzt über Kleszczele. Ich wunderte mich nicht über die Kreuzung der Karol-Świerczewski-Straße und der Tadeusz-Kościuszko-Straße, wo mit einem Draht an einem Pfosten die Reste eines Kreuzes befestigt waren, noch über das Kulturzentrum, das Hladyschka hieß, um an ein Tongefäß zu erinnern, das heute niemand mehr herstellte, an eine Tätigkeit, die heute niemand mehr brauchte. Ich wunderte mich auch nicht über die größte Ausstellung von Amethysten in Europa, am Rande des ehemaligen Ghettos. Nicht einmal über die Ikonostase, die aus einem nach dem Krieg umgesiedelten Dorf in der Woiwodschaft Lublin hergebracht worden war, und auch nicht darüber, dass niemand wusste, aus welchem.

GUMMIBÄRENBANDE Am nächsten Tag ging ich am Rande der Puszcza Białowieska, des Urwalds von Białowieża, entlang, den ganzen Tag. Die Sonne beleuchtete die Welt mehr als genau, als ich mich dabei ertappte, dass ich an Grammi von der Gummibärenbande dachte. Vielleicht muss man in die Mongolei fahren, um den Fußmarsch in eine Pilgerreise zu verwandeln und ihr mehr als nur Ermüdung abzugewinnen? Oder nach Sibirien oder wenigstens nach Kasachstan. Kann man in einem Dorf mit dem traurigen Namen Policzna etwas Bedeutsames erleben? Grammi von der Gummibärenbande.

Denn wenn ich so den ganzen Tag gehe, den dritten Tag in der Sonne, interessiert mich kein Osten mehr. Ich will trinken, gut essen und die Achseln waschen, die Füße auskochen. Ein guter Platz für eine Übernachtung wäre hilfreich, am besten umsonst, eine Haltestelle mit Vorraum oder eine Raufe, etwa um 20.00 Uhr, so dass noch Zeit bleibt, die Umgebung zu erkunden, ein Stück Brot und Käse zu essen und nach Zecken zu suchen.

Ich bin müde und denke nicht an neue Bedeutungen des Weges oder der Himmelsrichtung, an den polnischen Osten, sondern an Grammi von den Gummibären. Schon als Kind wollte ich wissen, ob sie mit diesem Gruffi zusammen war. Nach einer Serie absurder Bilder erscheinen die dümmlichen Gesichter der Mumins. Ich zähle sie der Reihe nach auf, aber ich kann mich nicht an den Namen des Schelms mit der spitzen Nase erinnern. Und dann sind da noch Adam Małysz, das Fußballtrio von Dortmund, Immanuel Kant und gleich darauf Justyna Kowalczyk, obwohl ringsum Sommer ist. Und das soll Meditation sein? Das soll Abgeschiedenheit sein? Fasten? Ich habe den Kopf voller Informationen, wie die Wand des Hauses in Siemiatycze. Bis mein Blick auf die leere Verpackung eines Präservativs trifft. Die Winkel der Ostwand sind mit solchen Verpackungen und anderen Resten des Geschlechtsakts geradezu übersät. Sie wecken die verschiedensten Phantasmagorien.

Später denke ich daran, wie es Moose, Farne, Bedecktsamer und Nacktsamer, schließlich Amöben, Insekten, Amphibien, Reptilien machen und komme dann wieder auf die Säugetiere zurück. Wie es bei den Schnecken mit der Vermehrung aussieht, weiß ich nicht so genau, und jedes Mal vergesse ich nachzuschauen, wenn ich wieder zu Hause bin.

KREUZE Jenseits des Bugs, angefangen mit Mielnik, änderten sich die Inschriften an den Kreuzen. Und es geht nicht nur darum, dass sie in Kyrilliza eingraviert sind, sondern auch um den Inhalt. Sie waren sozusagen sachlicher, die Leute baten nicht um Segen ganz allgemein, sondern konkret, zum Beispiel für das Vieh, oder um Schutz nicht vor einem abstrakten Unglück, sondern einem genauer bestimmten: vor Hagel, Feuer und Schwert. Ich suchte nach etwas in der Art des katholischen: »Nur unter diesem Kreuz, nur unter diesem Zeichen kann Polen Polen sein und der Pole er selbst«, aber etwas Derartiges gab es nicht, in Podlasie kam niemand auf solche Ideen. Wie sollte das im Übrigen auch klingen: »Nur unter diesem Kreuz, nur unter diesem Zeichen kann hier hier sein und der Hiesige einer von hier?«

Unter den orthodoxen und jetzt selteneren katholischen Kreuzen war noch eine dritte Art zu finden – Kreuze, die sich nach verschiedenen Seiten neigten. Unabhängig davon, ob der Querbalken auf der Höhe der Füße Christi vorhanden war oder nicht, egal, ob mit lateinischen oder kyrillischen Buchstaben beschriftet, sahen die schiefen Kreuze wie das Zeichen einer anderen Religion aus: einer Endzeitkirche, einer Kirche des Untergangs oder auch schon der Biologie. Da die Form des Symbols verändert war, musste wohl auch mit dem Inhalt etwas passiert sein.

DŁUGI BRÓD In Długi Bród fotografierte ein Enkel seine Oma im Kohl. Sie sprachen »auf ihre Art« – weder Weißrussisch noch Ukrainisch; sie ganz natürlich, als hätte sie nie eine andere Sprache gekannt, er mit starkem Akzent, wie ein Neophyt. Modische Kleidung und ein Tablet gaben ihn als Touristen auf einer exotischen Reise zu erkennen. Er ließ die alte Frau posieren, sagte, sie solle sich umdrehen, ein Bündel Karotten präsentieren, einen Kohlkopf. Wie die Mitarbeiter eines Vereins auf einer Reise nach Nepal oder Koreaner in Warschau. Es hatte etwas eigenartig Ergreifendes. Aber vielleicht erschöpfte sich auch einfach nur der Name Długi Bród, Lange Furt. Er schien gerade am Ausklingen zu sein. Ich kannte seine Herkunft – er kam vom Überqueren des Flusses, der bis heute durch die Wiesen hinter dem Dorf floss, jetzt aber nur noch als Bach. Jahrhundertelang hatte er etwas bedeutet wie andere Namen, hatte einen Inhalt transportiert, aber jetzt erschöpfte er sich. Ebbte ab. Ich betrachtete ihn lange, auf der Straße nach Witowo, hinter den letzten Häusern von

252

Długi Bród. Am Rande der Schotterstraße lag die Feder eines Wiedehopfs.

Gleich daneben die nächste, und auf der anderen Seite weitere. Etwas hatte ihn gefressen. Ich sammelte eine nach der anderen auf, bis sich aus den einzelnen Federn die zwei Armschwingen zusammensetzen ließen; aus den Steuerfedern entstand fast der komplette Schwanz, aber damit nicht genug. Ich rekonstruierte auch den Rücken, den Steiß, die Schultern, nur die wertvollsten Federn konnte ich nicht finden – die von der Haube auf dem Kopf. Aussehen ist fast schon Anwesenheit, so schien mir, daher vielleicht die Sturheit, die Hartnäckigkeit in der Vervollständigung des Puzzles. Es war spät geworden, und die Dämmerung brach an, aber ich dachte mir – was ist schon ein Abend, da fast fünfundachtzig Prozent der Erdgeschichte das Präkambrium ausmacht. Und was ist uns aus dieser Zeit geblieben? Lediglich die Spuren schleppender Bewegungen, des Robbens, des Kriechens, mehr nicht. Abdrücke von Pseudofüßen. Pseudoanwesenheit. Dennoch hätte ich weitergesucht, wäre nicht eine der Federn blutbeschmiert gewesen, was leichten Ekel hervorrief.

Ich legte mich auf einen bequemen und von der Hitze erwärmten Sockel in Witowo, doch der Platz erwies sich als der Ort der Erschießung von Kommunisten, eine Information, die ich – enttäuscht – mit den Fingerspitzen ertastete. Die kleine Bahnstation auf einem Damm inmitten von Wiesen war keine Station, sondern ein geschlossener alter Speicher. Die Streu der umliegenden Wälder mit sparsamem Unterholz erwies sich als trocken und stechend, einige Ameisen schliefen nicht. Zum Glück erklärte sich ein junger Bursche einverstanden, dass ich auf der Veranda seines Holzhauses übernachtete. Die Heuschrecken sangen, eine Maus oder etwas Ähnliches trippelte über die Dielen, in der Dunkelheit schnurrte ein Ziegenmelker. Und die Milchstraße lief deutlich nach Südosten, Richtung Czeremcha. Genau wie gestern und vor Millionen Jahren.

AUGUST

Was geht im Juli zu Ende? Schon im April endet die Blüte der Leberblümchen und des Wechselblättrigen Milzkrauts. Aus den Nestern fliegen die jungen Raben, die Balz der Birkhähne und der Nördlichen Raubwürger hört auf. Raubvögel fliegen aus dem Süden und Westen nach Norden und Osten. Wie die Feldlerchen und Heidelerchen. In den Erlenwäldern erhebt sich die Wasserfeder langsam aus der Tiefe ins Licht. Die Larven des Teichmolchs schlüpfen aus den Eiern. Die Singdrossel kommt, und es ist aus mit der Stille. Im Mai verblühen der Waldsauerklee, die Schattenblumen und auch die Wasserfedern. Der große Zug der Sperlingsvögel aus dem Süden erreicht seinen Höhepunkt und erlischt. Die Waldohreulen verlassen ihre Nester und betteln, auf den Ästen sitzend, laut um Nahrung. Der Raufußkauz dagegen verstummt, man hört sein pupupup nur noch selten. Die Familie der Rosaceae steht in voller Blüte. Das Blickfeld wird endgültig von Blättern verdeckt, die wir als formloses Grün in Erinnerung behalten, vielleicht mit Ausnahme des Ahorns.

Im Juni verblüht das Steppen-Geiskraut. Sperbergrasmücke und Gartengrasmücke hören auf zu singen. Fitis, Zilpzalp und andere Laubsänger verstummen. Der Schwarmtrieb des Großen Ulmensplintkäfers findet ein Ende. Der Teichmolch geht an Land, sucht Schutz in Stapeln von Steinen, manchmal sogar in den Höhlen der Grillen. Der Kiebitz zieht heimlich weg, schon im Juni.

Und im Juli? Was geht im Juli zu Ende? Im August? Der Gesang der Feldlerche. Das intensive Wachstum der Pflanzen. Der Aufenthalt des Schreiadlers im Nest. Das Füttern der jungen Störche. Die Metamorphose des Schmetterlings mit dem Namen Brauner Bär. Alles fliegt, flieht, zieht sich zurück. Die Vögel nutzen seit Jahrhunderten festgelegte Routen und diese speziellen Stimmen, mit denen sie sich im Nebel und in den Wolken verständigen. Der Gesang geht zu Ende. Stille tritt ein, und wir sind allein.

Im September beginnt die Dekomposition des Blickfeldes, die Blätter der Bäume rosten, die Landschaft korrodiert und zerfällt. Von den krautigen Pflanzen halten es am längsten Rainfarn, Beifuß, Disteln, Kratzdisteln aus, also die Vertreter der Familie der *Compositae*, der Korbblütler. Aber nach dem ersten Regenwetter faulen sie und gehen ein. Dank der Dekomposition der Familie der *Compositae* kann man sehen, dass die ganze Leere einfach ein zu großer Raum ist, um einige Maßeinheiten, manchmal eine ganze Skala zu groß für uns. Ich meine das nicht im mathematischen Sinn, obwohl die Null natürlich vielsagend ist, sondern eher im psychologischen. Die Leere kann man besser spüren, als man sie sehen kann, nehme ich an. Im Polnischen ist das Wort für Urwald *(puszcza)* mit dem Wort für Leere *(pustka)* verwandt – wie in Puszcza Białowieska, der Bezeichnung für den Urwald in dieser Gegend, den Urwald von Białowieża.

URWALD
VON BIAŁOWIEŻA

BIAŁOWIEŻA Das Wichtigste ist immer der Moment der Ankunft. Das heißt: Ich bin woanders – nicht mehr zwischen, sondern am Ziel. Auf der anderen Seite der Entfernung. Es ist eine Trance, eine Transposition und sogar Transgression. Denn ich wohne ja immer noch irgendwo, gehöre weiterhin zu meinem ständigen Wohnsitz, gestalte ihn nach wie vor mit – und andererseits auch nicht mehr. Ich habe meine Adresse hinter mir gelassen, das heißt die offiziellen Koordinaten, den Schauplatz meines Lebens, an dem ich normalerweise täglich stattfinde. Für eine Weile fühlt es sich genau so an, wenn man irgendwo ankommt und die Müdigkeit Täuschungen Vorschub leistet. Später weicht dieses Gefühl wieder. Die eigene Anwesenheit kann man schließlich kaum anzweifeln.

Es bleibt der Besuch im Laden und die Übernachtung.

FREMDSPRACHEN

Es ist gut, nach Nordosten zu gehen, kurz nach Sonnenaufgang, Ende März, wenn man eine große Nase und große Ohren hat. Man stellt sich dem Licht gegenüber so, dass es den rechten Teil der Nase wärmt und noch ein wenig auf die linke Wange strahlt und dass es nicht direkt ins Ohr fällt, wie die Laute, sondern auf den hinteren Teil der Ohrmuschel, und schon spürt man die Richtung wie ein alter Dompfaff, als flöge man am Fluss oder an der Deichsel des Großen Wagens entlang. Auch der Augenhintergrund ist nützlich, weil empfindlich für den Winkel, in dem die Sonnenstrahlen einfallen. All das ist wichtig, wenn man drei bis vier Kilometer gehen muss, und das in einem Urwald wie dem von Białowieża, voller toter Bäume, Sturmholz, Windbruch, wo man zum Vorwärtskommen auch die Hände braucht, also nicht nach dem Kompass oder dem GPS greifen kann.

Meine Arbeit beruhte darauf, im Urwald von Białowieża nach einer seltenen Vogelart zu suchen, genau dafür zahlten die Gelehrten: *Dendrocopos leucotos*, der

262

Weißrückenspecht, eigentlich eine sibirische Art. In dieser Gegend konnte er sein, einige Kilometer von hier, das sagte ein Zeichen auf der Landkarte, und jemand musste es überprüfen. Es war eine konkrete Aufgabe für einen Fachmann: das Erkennen der Spechte an der Stimme, am Aussehen, an ihrem Trommeln – wie die Fähigkeit, ein Haus zu mauern oder Menschen zu heilen. Jemand zahlte dafür: für die seltene Kenntnis einer Fremdsprache, der Spechtsprache. Was für ein Beruf, dachte ich und erinnerte mich an die Demütigungen aus der Kindheit und an den scheinbar unschuldigen, aber im Grunde anatomischen Spitznamen: Spatz.

Es geht um das Trommeln, ja, um das An-den-Baum-Klopfen mit dem Schnabel. Die Spechte trommeln, um ihr Brutrevier abzustecken. Sie suchen sich trockene Äste aus und klopfen in langen Serien, die ein paar hundert Meter weit zu hören sind. Jede polnische Spechtart – es gibt einige davon – tut dies auf andere Weise. Am heftigsten trommelt der Schwarzspecht. Er perforiert die Stille mit Serien wie aus dem Maschinengewehr, das kann man mit nichts anderem verwechseln. Der kleinste aus der Familie der Spechte hat ebenfalls einen charakteristischen Trommelwirbel, aber einen äußerst zarten. Der Buntspecht klopft in kurzen, kräftigen Serien, die nervös, cholerisch klingen, der Grauspecht dagegen in zwei Sekunden langen Serien, wie der Schwarzspecht, nur flacher. Das Geräusch des Dreizehenspechts wiederum ist dem Trommelwirbel des Schwarzspechts täuschend ähnlich. Allerdings ist es nicht so stark, es erinnert eher an eine Nähmaschine als an ein Maschinengewehr. Bei einem Neuling, dem man zum ersten Mal Spechte zeigt, ruft das Phänomen des Trommelns Erstaunen hervor, aber so ist es wohl mit der ganzen Welt ringsum.

Der Weißrückenspecht unterscheidet sich von den anderen durch einen ausgesuchten, geradezu eleganten Trommelwirbel – als hätte er die ganze Nacht daran gearbeitet, um ihn gegen vier Uhr morgens, kurz bevor das Licht explodiert, der ganzen verschlafenen Biozönose zu präsentieren. Er beginnt langsam, in dem Wunsch, entschieden die Aufmerksamkeit von allem auf sich zu lenken, was Ohren hat, worauf er den Wirbel mäßig beschleunigt, um dann die Partie mit einer Serie schneller Hiebe abzuschließen. Das Ganze dauert kaum anderthalb Sekunden, selten zwei, man muss also während des Gehens lauschen und leise auftreten, damit die Geräusche sich nicht gegenseitig behindern, sich nicht verdecken, wie sich Büsche und Bäume im Blickfeld verdecken.

Im Urwald von Białowieża kann man aus der Nähe das einzigartige bjuk, nach Meinung anderer auch kik hören – eine Stimme der Unruhe, aber auch des Kontaktes zwischen Weibchen und Männchen des Weißrückenspechts. Man kann den Ton auch mit dem Mittelspecht verwechseln, der auf ähnliche Art seine Unruhe ausdrückt, aber es gibt einen gewissen, kaum greifbaren Unterschied, der bewirkt, dass man bei diesem bjuk an den Weißrückenspecht denkt und nicht an den Mittelspecht. Die Kunst besteht darin, diesen Unterschied zu erfassen, um dem Specht seinen richtigen Namen zuzuordnen.

Die Namen der Buntspechte, das heißt des eigentlichen Buntspechts (im Polnischen auch der Große Buntspecht genannt), des Mittelspechts und des Kleinspechts, drücken eine gewisse Ratlosigkeit des Menschen aus angesichts der Notwendigkeit, die Welt zu beschreiben. Hier spürt man dieselbe Hilflosigkeit wie angesichts des Raumes in Sibirien, wo in Ermangelung neuer Namen die Dörfer und Bahnstationen mit Ziffern oder mit der Kilometerzahl bezeichnet werden, die den Ort vom jeweiligen Zentrum trennt. Die drei Spechtarten sind durch Schwarz, Weiß und Rot in verschiedenen Formen und Konstellationen charakterisiert; der wesentliche Unterschied ist die Größe. Die Namen müssen mindestens zweigliedrig sein, um glaubwürdig zu klingen: Kleinspecht, Mittelspecht. Ähnlich ist es mit dem seltenen Weißrückenspecht.

Dendrocopos leucotos lebt in der Regel in Erlenbrüchen oder alten Laubwäldern. Das Blickfeld des Erlenbruchs verbindet unverhofft zwei Arten von Landschaft: See und Wald. Die Bäume wachsen dort auf kleinen, von Wasser umgebenen Inseln, wodurch das Ganze wie eine

Ansammlung von im Sumpf verstreuten, durch Bäume gekennzeichneten Stellen erscheint. Meistens sind es Erlen oder Eschen, so oder so muss man springen. Wege oder Pfade gibt es nicht. Selbst wenn das Wasser fällt und in den Vertiefungen zwischen den Inseln sumpfige kleine Täler freigibt, findet man keinen Weg, man muss vor sich hinschlappen, wie die Karte, die Richtung, der Arbeitgeber es vorgeben, denn irgendwo dort ist vielleicht die Höhle eines Weißrückenspechts, und das muss man überprüfen.

Auf den Inseln wächst Waldflora: Moos, Farn. Flechten, Waldsauerklee und dazwischen, im Sumpf: Sumpfdotterblumen, Pippau, Nachtschattengewächse, Schwertlilien. Eine besondere Gestalt nimmt der Erlenbruch an, wenn das Wasser fällt und Schichten von Schlamm und Humus in Form von Mull entblößt, in dem man bis zu den Achseln versinken kann. Wald trifft auf Sumpf, die Lebensräume durchdringen einander und schaffen einen neuen Ort – den Bruchwald. Fließend, sumpfig ergießt er sich über das Blickfeld, sickert häufig in die umliegenden Fichtenwälder und verteilt sich, wodurch der Urwald teilweise aussieht wie eine einzige große Grenze verschiedener Biotope. Die Ökologen nennen das Ökoton oder auch Saumbiotop. Synkretismus, Eklektizismus, Durcheinander. Und die Allgegenwart von Wasser.

»Theoretisch müssen sich die Fortbewegungsorgane der Vierbeiner auf dem Weg der allmählichen Verwandlung der Flossen in fingerähnliche Gliedmaßen entwickelt haben: bei den Amphibien, die abwechselnd über das Land krochen und im flachen Wasser schwammen«, klang mir ein im Museum der Erde gelernter Satz im Kopf, als ich an jenem Morgen durch den Erlenbruch stapfte und mich ein kleines Tierchen ohne Namen aufhielt, ein Insekt, das soeben am Ertrinken war. Und weiter: »Manche Forscher behaupten, die Finger seien im Wasser entstanden und hätten ursprünglich dazu gedient, nach den Wasserpflanzen zu greifen und sich an ihnen festzuhalten, und erst später sei die Funktion hinzugekommen, die Gliedmaßen bei der Fortbewegung zu unterstützen«, sagte ich laut und bewegte die Finger. Ich rettete das kleine schwarze Ding und ging weiter.

Einen Augenblick später ertappte ich das Leben auf frischer Tat. Ein Mittelspecht-Männchen setzte sich auf ein Weibchen, in meinem Mund platzte die Gipfelknospe einer Weide, und vor den Füßen sah ich das Wechselblättrige Milzkraut blühen. So war das. Die Kopulation des Mittelspechts dauert keine zwei Sekunden, ich konnte den Moment also gut messen. Und kurz darauf ertappte ich den Tod auf frischer Tat. Eine winzige Eule, kleiner als eine Hand, zerrte etwas noch Lebendes in ihre Höhle, ein Eichenstamm krachte unter meinem Gewicht zusammen, ich fiel bis zum Nabel hinein, und aus dem Inneren des Riesen platzte Moder und Staub, ein fauliger Gestank nach Sumpf und Zersetzung breitete sich aus. Und so ging es abwechselnd ein paar Wochen lang bei dieser seltsamen Arbeit: mal das Leben vor Augen, mal den Tod in der Nase. Man konnte sich schnell daran gewöhnen. An so viele Tode und Leben, ans Fressen und an die Vermehrung. Jedes Frühjahr muss man sich die Kunst der Gleichgültigkeit gegenüber diesen Toden und Leben von neuem aneignen.

Wenn man den Bruchwald schließlich verlässt, sieht man, dass keiner der Bäume im Raum so eindeutig einen Ort hervorruft wie eine alte Fichte mit ihren dichthängenden Zweigen, unter denen man sich vor Schnee und Regen schützen kann. Mit ihr kann sich höchstens eine uralte Eiche oder Ulme vergleichen, na ja, vielleicht auch größere Erlen auf ihren Inselchen. Unter den Fichten ist es trocken, geradezu warm, ein Grundbedürfnis wird sofort befriedigt, wie zu Hause – man kann die Karte lesen, Wasser aus dem Schuh leeren, eine Zecke in der Leiste erwischen und sich sogar einen Moment auf die trockenen Nadeln setzen. Unter der Fichte sieht man genau, wie der Märzschnee fällt, und man sieht auch, dass alles, was geschieht, langsamer geschieht, während die Flocken fliegen, und viele Orte hören auf zu existieren, die Topographie kapituliert. Dieses Gefühl ist so stark, dass es schwerfällt, die Fichte zu verlassen, denn außer ihr gibt es nichts.

Das erste Bild dieses Frühlings – eine Kohlmeise, *Parus major*, die Zitronenfalter jagte, Schmetterlinge der

Gattung *Gonepteryx*. Die Flügel des Zitronenfalters sind gelb, und wenn man ihn fängt und schnuppert, merkt man, dass sie nach Zitrone riechen. Aber der Meise ging es um die Materie. Um die Substanz, den Rumpf, den Hinterleib, sie erwischte den Falter also und verschwand, ihn im Schnabel haltend, im Geäst der noch nackten Erlen. Aus dem Schnabel standen die Schmetterlingsflügel heraus, er bewegte sich noch, das konnte ich durchs Fernglas sehen. Ich ging zu dieser Stelle und fand sogar ein Flügelchen. Ich zerrieb es, und es roch wirklich nach Zitrone, so wie damals, als ich dies zum ersten Mal entdeckte.

Den Winter verbringen die Zitronenfalter in alten Höhlen von Spechten. Nicht viele *loci* haben einen so archaischen und vagen Charakter wie die Baumhöhle. Ihr kommen nur Orte wie die Scheide oder das Nest gleich, vielleicht die Tasche, alle anderen erscheinen beschämend offen und offensichtlich, erreichbar, beschrieben, geradezu trivial. Die Baumhöhle verbindet die Funktionen der Öffnung, des Eingangs, und des Ortes, sie ist zugleich das eine wie das andere, drückt ein archaisches Verhältnis aus, das von Spechten, Eulen, Spinnen und Insekten genutzt wird, unter ihnen Hummeln und wilde Bienen. Und einst haben auch wir es genutzt, mit Sicherheit. Wenn man auf Stämme von abgebrochenen Eichen trifft, die schon ausgehöhlt sind, geräumig wie eine Gefängniszelle, wird einem klar, dass auch wir einst so gewohnt haben. Wenn man eine hohle abgebrochene Eiche findet, sieht man, dass sie hervorragenden Schutz gegen die vier Himmelsrichtungen bietet, gegen Osten, Westen, Norden und Süden: Man sieht, dass sie ein alter Ort ist. Manchmal stieg ich hinein und suchte den Punkt, wo vor fünfhundert Jahren eine Eichel gefallen war, aber diese Beschäftigung kam mir nicht gerade ernsthaft vor, also konnte sie auch nicht von Erfolg gekrönt sein.

Wieder ging ich am Rande des Erlenbruchs und des Fichtenwaldes entlang, die Sonne stand hoch, da riss sich vom Wald eine Bewegung los, groß, schnell, und flog einer kleinen, verzögerten, langsamen Bewegung hinterher, dann schluckte die erste Bewegung die zweite, verdeckte sie eigentlich und verlangsamte sich dabei selbst und erlosch. Das alles geschah ganz in der Nähe, aber so schnell und kinetisch, dass ich keine einzige Farbe, nicht einmal eine Flügelform oder einen Vogelschwanz sah. Keine Stimme war zu hören. Ich war schon am Einschlafen, als ich mich daran erinnerte, dass ich an diesem Tag gesehen hatte, wie ein Sperber einen Staren tötete. Und dass das Ende, was ich oft vergesse, nicht nur ein Begriff aus der räumlichen Geometrie ist.

ANKUNFT Das Wichtigste ist immer der Moment der Ankunft. Der Blick funktioniert nicht wie ein Fischernetz, er hat eher den Charakter eines Schusses, wählt immer ein Ziel aus. Nicht die ganze Aussicht, sondern einen Punkt in der Landschaft. Häufig ist das ein kleiner Laden, eine Haltestelle, ein Holzhaus. Oder Vögel, wenn welche in der Nähe sind. Ein Fetisch, der für immer diesen Ort evozieren wird, ohne den der Ort sich nicht im Gedächtnis halten kann. Deshalb wende ich die Augen von jungen Frauen ab, um Białowieża nicht, wie es in Mielnik geschehen ist, mit dem sommersprossigen Rücken einer Altersgenossin zu assoziieren. Und ich weiß schon: Es wird der Himmel über dem Dorf sein. Der Himmel über der Lichtung von Białowieża sah aus wie ein Teil von etwas Größerem, eines größeren Ganzen, das woanders war.

INHALT 5 DIMENSION 59 STRASSE 816
121 FLUSS 149 REKAPITULATION 215 KÄNO-
ZOIKUM 259 URWALD VON BIAŁOWIEŻA